O MANIFESTO HEREGE

AQUILO QUE NÃO PODE SER DITO

Às vezes, o aparecimento de um ███ não é só estranho ou nojento – ███ ameaçador. Pensemos no julgamento de Karen ███. White é homem, ███ e ███. ███sar disso, depois de sentenciado por seus ███es hediondos, ele foi enviado a uma prisão fe███na: a HMP New Hall, em West Yorkshire. El███ ███ é mulher e o sistema prisional acredit███ ele ███ duas internas. Ao s███ ███ ███sses ███, o promotor desc███ ███ma como White abordou uma ███ ███ dela estava ███ e sain███ ███ ███ dela. Até mesmo ███ ███ ███bem pronomes co███ ███m. Mesmo ███ ███ em termos femini███ ███les ███ e ainda ███es. Até mesmo num tri███ ███ ███ a verdade, essa aber███ ███ dela – é dita e leva███ ███. O ███ dela está ███ a polícia também. No fim de 2021, a ███ ███scócia disse que foram registrados ███or mulheres, nos quais "uma pessoa ███ ███omem, mas que se identifica como mulher [...] comete o ███". Em

BRENDAN O'NEILL

BRENDAN O'NEILL

O MANIFESTO HEREGE

AQUILO QUE NÃO PODE SER DITO

Tradução
Paulo Polzonoff

São Paulo | 2024

Título original: *A heretic's manifesto*
Copyright © Spiked Ltd - 2024
Copyright© da edição brasileira 2024 – LVM Editora

Os direitos desta edição pertencem à LVM Editora, sediada na
Rua Leopoldo Couto de Magalhães Júnior, 1098, Cj. 46 - Itaim Bibi
04.542-001 • São Paulo, SP, Brasil
Telefax: 55 (11) 3704-3782
contato@lvmeditora.com.br

Gerente Editorial | Chiara Ciodarot
Editor-chefe| Pedro Henrique Alves
Editora assistente | Georgia Kallenbach
Tradução | Paulo Polzonoff
Revisão | Laryssa Fazolo
Preparação de texto | Marcio Scansani e Pedro Henrique Alves
Capa | Mariangela Ghizellini
Diagramação | Décio Lopes

Impresso no Brasil, 2023

Dados Internacionais de Catalogação na Publicação (CIP)
Angélica Ilacqua CRB-8/7057

O67m O'Neill, Brendan

O Manifesto Herege: aquilo que não pode ser dito/Brandan O'Neill; tradução de Paulo Polzonoff Jr. – São Paulo: LVM Editora, 2023.
208 p.

ISBN 978-65-5052-143-1
Título original: *A heretic's manifesto*

1. Ciências sociais – Ensaios 2. Política e cultura 3. Problemas sociais 4. Ideologia de gênero 5. Liberdade de expressão 6. Conservadorismo I. Título II. Polzonoff, Paulo

23-6550   CDD 300

Índices para catálogo sistemático:
1. Ciências sociais

Reservados todos os direitos desta obra.

Proibida a reprodução integral desta edição por qualquer meio ou forma, seja eletrônica ou mecânica, fotocópia, gravação ou qualquer outro meio sem a permissão expressa do editor. A reprodução parcial é permitida, desde que citada a fonte.

Esta editora se empenhou em contatar os responsáveis pelos direitos autorais de todas as imagens e de outros materiais utilizados neste livro. Se porventura for constatada a omissão involuntária na identificação de algum deles, dispomo-nos a efetuar, futuramente, as devidas correções.

SUMÁRIO

Introdução 9
Capítulo 1 | O pênis dela 13
Capítulo 2 | Encontrando as bruxas................... 33
Capítulo 3 | A Covid como metáfora.................. 53
Capítulo 4 | Islamocensura......................... 73
Capítulo 5 | A ascensão dos porcos 93
Capítulo 6 | Humilhação branca 113
Capítulo 7 | O amor que não ousa dizer seu nome 135
Capítulo 8 | Viva o ódio.......................... 155
Capítulo 9 | Os fingidores......................... 173
Capítulo 10 | Palavras ferem 191

Sobre a *spiked* 205
Sobre o autor 207

INTRODUÇÃO

Ultimamente tenho me surpreendido ao concordar com as pessoas que dizem que a cultura do cancelamento é um mito. Não porque eu compartilhe desse negacionismo quanto à ameaça mortal que existe hoje em dia contra a liberdade de expressão. Tampouco porque acho que essas pessoas estão certas em desprezarem a intolerância que avança sobre as instituições. Muito menos ainda porque eu, assim como muitas dessas pessoas, me deixei levar pelo poder de sedução da mentalidade politicamente correta, por aquele "êxtase absurdo que é uma mistura de medo e desejo de vingança", para citar George Orwell, que sempre acompanha as multidões que tentam silenciar discursos ofensivos.

Não. É porque essa expressão – cultura do cancelamento – simplesmente perdeu o sentido. Ela é incapaz de captar aquilo contra o que lutamos. Ela é amena demais. Esquisita demais. Quase bonitinha. É quase como chamar a Inquisição de "processo de gerenciamento da informação" ou o episódio das Bruxas de Salém de "cultura da responsabilidade". Trata-se de um eufemismo. E como todos os eufemismos, com sua vergonha diante da franqueza e seu incômodo diante do desprazer da verdade, esse mais esconde do que esclarece. A expressão faz parecer que estamos diante de uma mera inconveniência – a pontadazinha de um cancelamento aqui e outro acolá – quando na verdade estamos atravessando um dos períodos de maior retrocesso quanto à liberdade de expressão e o pensamento iluminista. Desculpe dizer isso assim, com tanta franqueza.

Entendo, porém, o apelo da expressão "cultura do cancelamento". Ela é concisa, traz em si uma aliteração, tem um quê de diversão, cumpre seu papel. "Cancelar" significa decidir que algo não acontecerá. "Cultura" se refere aos costumes de um povo ou sociedade. Claro, isso basta: agora nossa sociedade está acostumada a garantir que palavras incômodas ou ofensivas não serão proferidas. É uma expressão exata e que vai direto ao ponto.

Mas não basta. O problema hoje em dia não é o cancelamento das pessoas famosas sobre o qual lemos nos jornais vez ou outra. Tampouco são os manifestantes de cabelos azuis e rostos avermelhados que, munidos de inveja, protegem os portões da Academia contemporânea da invasão de bárbaros que pensam diferente deles. Malditos floquinhos de neve! Não, tem mais coisa aí. Muito mais.

Para além do cancelamento, ou talvez para aquém do cancelamento, o que temos diante de nós é a perda da fé na liberdade. É a revolta da sociedade contra a razão. É a rejeição da ideia de que as pessoas são capazes de chegar a um acordo sobre o que é o certo e o errado. É a forma como essa sociedade abdica do sacrifício de procurar a verdade, a tal ponto que você agora pode ser expulso da sociedade educada por dizer que homens são homens; por dizer que quem tem pênis não é mulher. A idiossincrática expressão "cultura do cancelamento" não capta a histeria que clama por punição contra pessoas que dizem que o sexo é real, que a biologia existe. Precisamos de novos termos para descrever essa fúria pós-ciência e pós-verdade, essa raiva contra qualquer um que ouse dar voz a ideias que, há apenas sete anos, seriam consideradas banais.

A tese deste livrinho é a de que a agitação constante da mentalidade politicamente correta – ou cultura do cancelamento ou lacração ou intolerância – representa não apenas a supressão da liberdade de expressão, mas também uma cria do Iluminismo. Todas as ideias iluministas – como, por exemplo, a de que a ciência é real e a raça não; a de que as mulheres devem ter direitos; a de que

INTRODUÇÃO

a liberdade é algo bom; e a de que a razão é a melhor ferramenta para se compreender o mundo – correm o risco de ser esmagadas pelo trator do pensamento politicamente correto. Nossa maldição não é apenas testemunharmos o silenciamento intermitente de analistas controversos, mas também assistirmos ao sacrifício da liberdade, da objetividade, da democracia, da igualdade e de outros triunfos da contemporaneidade no altar de novas ortodoxias que se passam por pensamentos modernos.

Vivemos uma guerra contra a heresia. Não que estejam sendo montadas fogueiras para queimar bruxas, claro. Não há palcos sendo construídos para que possamos jogar tomates ou xingar os excêntricos ou heterodoxos. Ainda assim, o ar de caça às bruxas hoje é semelhante ao de 500 anos atrás. Os novos hereges são J. K. Rowling, feministas críticas à ideologia de gênero, populistas, "negacionistas" das mudanças climáticas, pessoas que se revoltam contra as regras determinadas pelos esclarecidos quanto ao que elas devem pensar e como devem se expressar. Você não será queimado vivo, não, mas sua vida e sua carreira, sim.

Subestimamos a importância e a atração das heresias. Heresias são liberdade. Vale a pena ouvir as palavras de Robert G. Ingersoll (1833-1899), um defensor da liberdade de pensamento do século XIX, que dizia:

> A heresia é a aurora eterna, a estrela da manhã, o despertar de um novo dia. A heresia é o melhor e mais recente pensamento. É o Novo Mundo perpétuo, os mares desconhecidos a serem navegados pelos corajosos. É o horizonte eterno do progresso. A heresia abre o cérebro para novas ideias. A heresia é um berço; a ortodoxia, um caixão.

A heresia é o Novo Mundo perpétuo. Aí está, o convite para que ousemos ser hereges está feito a todos. Hoje em dia a heresia é mais necessária do que nunca. Neste livro, você encontrará não apenas análises das ortodoxias sufocantes deste nosso tempo de pensamento "correto", mas também as fontes irascíveis do pensamento herege. Eles podem nos cancelar, tirar nossos empregos, nossa respeitabilidade e às vezes até nossos direitos, mas não podem cancelar isto: a liberdade que cada pessoa tem de pensar e acreditar no que quiser. A heresia sempre encontrará uma saída.

CAPÍTULO 1

O PÊNIS DELA

Precisamos falar sobre o pênis dela. Não sobre as partes pudendas[1] da pessoa. Isso seria estranho. Não, precisamos falar sobre a união dessas três palavrinhas. A junção do artigo masculino, do pronome feminino e do substantivo que se refere ao órgão genital masculino. *O pênis dela*. Nada capta melhor a irracionalidade da nossa época, bem como o autoritarismo perigoso dela, do que o fato de que essa expressão sem sentido é usada com frequência tanto pela imprensa outrora respeitável quanto também no caos dos fóruns de Internet sobre ideologia de gênero. Quando alguém tentar lhe dizer que a guerra cultural é um mito, mostre-lhe *o pênis dela*.

O pênis dela está por toda parte. A expressão aparece com frequência em reportagens. Você encontrará no *Times* e na *BBC*. É incontornável. "Ex-soldado expôs *o pênis dela* e usou lixeira como brinquedo sexual", lia-se numa manchete do *Metro* em abril de 2022[2]. "Um pedófilo de Glasgow confessou ter exposto *o pênis dela*", dizia o *Daily Record* sobre o mesmo caso[3]. No *Teesside Live*, que cobre Middlesbrough, região do Reino Unido onde essa anomalia biológica supostamente expôs seu falo, foi ainda mais explícito. "Mulher de Teesside acusada de expor *o pênis dela*", lia-se na manchete. "Ela está sendo acusada de ato obsceno por mostrar *o pênis dela* em público, se masturbando na janela", continuava o

---

1. Órgãos sexuais. (N. E.)
2. *Metro*, 12 de abril de 2022.
3. *Daily Record*, 18 de fevereiro de 2022.

texto[4]. Os leitores, tenho certeza, ficaram mais impressionados com a notícia de que existem mulheres com pênis do que com a denúncia de que ela mostrou o órgão aos transeuntes.

Por falar em se exibir, o *Daily Mail* nos informou, em setembro de 2021, que um indivíduo "mostrou *o pênis dela*" no Wi Spa, em Los Angeles[5]. E o pior é que "o pênis dela" estava "parcialmente ereto" na ocasião. Uma mulher tendo uma ereção! Mais uma prova de que as mulheres são capazes das mesmas coisas que os homens. Em setembro de 2022, o *Mail* denunciou que a nadadora universitária norte-americana Lia Thomas "tirou *o pênis dela* para fora" no vestiário feminino[6]. Em 2018, o *Daily Mirror* publicou um artigo hagiográfico sobre "uma mulher que gastou milhares de libras transformando seu corpo", mas que decidiu "manter *o pênis dela*"[7]. Foi então que ela "descobriu que é lésbica". Está confuso? A imprensa deveria apenas reportar os fatos com clareza e objetividade, mas esse texto no *Mirror* me deixou perdido. Uma mulher com pênis e que faz sexo com outras mulheres? Será que eles estavam querendo falar de um homem heterossexual?

O pênis dela aparece até mesmo em instituições de reputação inquestionável. O British Film Institute publicou uma resenha de um filme belga de 2018, *O Florescer de uma Garota*[8], na qual se lê que um dos personagens "escondeu *o pênis dela* entre as pernas com fita adesiva durante os cansativos ensaios de balé"[9]. Há alguns anos, a *BBC* contou a história de "uma mulher trans que disse ter sido barrada no aeroporto porque *o pênis dela* foi visto como uma

---

4. *Teesside Live*, 25 de novembro de 2021.
5. *Daily Mail*, 2 de setembro de 2021.
6. *Daily Mail*, 15 de setembro de 2022.
7. *Mirror*, 24 de março de 2018.
8. O título americano é *Girl*, filme dirigido por Lukas Dhont. (N. E.)
9. British Film Institute, 30 de outubro de 2018.

'anomalia' ao passar pela segurança"[10]. Aposto que foi mesmo. Até mesmo o *Times*, jornal tradicional, às vezes fala *no pênis dela*. A resenha que o jornal publicou do livro de memórias da ativista trans Grace Lavery, intitulado *Please Miss: A Heartbreaking Work of Staggering Penis* [*Senhorita, por favor: a emocionante obra de um pênis incrível*], fazia referência ao *pênis dela*[11]. O autor da resenha ao menos manteve algum contato com a realidade ao escrever que "o pênis dela" é "uma expressão que eu espero jamais me acostumar a escrever". Ainda assim, ele não se pergunta por que a escreveu. Por que o jornal mais importante do Reino Unido, reconhecido por publicar informações essenciais, publicaria três palavrinhas que, juntas, enganam e ludibriam o público: *o pênis dela?*

Às vezes, um pênis não é só estranho ou nojento – é ameaçador. Pensemos no julgamento de Karen White. White é homem, estuprador e pedófilo. Apesar disso, depois de sentenciado por seus crimes hediondos, ele foi enviado a uma prisão feminina: a HMP New Hall, em West Yorkshire. Ele diz que é mulher e o sistema prisional acredita. Lá, ele estuprou duas internas[12]. Ao ser julgado por esses estupros, o promotor descreveu a forma como White abordou uma das detentas: "*O pênis dela* estava ereto e saindo por cima da calça"[13]. *O pênis dela*. Até mesmo os criminosos mais violentos recebem pronomes como "ela" e "dela", se assim preferirem. Mesmo estupradores de mulheres são mencionados em termos femininos, se assim o desejarem. Eles estupram e ainda por cima roubam seus pronomes. Até mesmo num tribunal, onde todos juram dizer a verdade, essa aberração da novilíngua – *o pênis dela* – é dita e levada a sério.

---

10. *BBC News*, 24 de setembro de 2015.
11. *The Times*, 7 de fevereiro de 2022.
12. *Law Society Gazette* (Irlanda), 18 de janeiro de 2022.
13. *The Sunday Times*, 26 de dezembro de 2021.

O pênis dela está na moda entre a polícia também. No fim de 2021, a polícia da Escócia disse que foram registrados estupros por mulheres, nos quais "uma pessoa, nascida homem, mas que se identifica como mulher [...] comete o estupro"[14]. Em 2019, pedidos via leis de acesso à informação foram feitos às forças policiais britânicas. Eles diziam respeito ao comportamento em relação a homens que se identificam como mulheres. Dezesseis batalhões disseram que registram o acusado com base no gênero declarado, e não o de nascimento, e oito batalhões disseram que agem dessa forma mesmo quando o crime é de estupro[15]. Da mesma forma, o Conselho Britânico de Chefes de Polícia recomendou que as pessoas sejam designadas de acordo com sua autodeclaração de gênero, e não com o sexo de nascimento[16]. Então haverá policiais no Reino Unido que dirão *o pênis dela*. Que dirão que um indivíduo usou *o pênis dela* para estuprar uma mulher. Que mentem mesmo quando buscam a verdade.

"O pênis dela". Diga essas palavras para si mesmo. Elas soam falsas, não? Com certeza todos os exemplos citados são mentiras disfarçadas de notícias. Aquela "mulher" em Teesside e que expôs "o pênis dela" e o balançou para estranhos – era um homem chamado Andrew McNab e que agora quer ser chamado de Chloe Thompson. Aquela pessoa que mostrou "o pênis parcialmente ereto *dela*" num spa de Los Angeles – era um homem chamado Darren Agee Merager e que supostamente tem um histórico de atos do tipo[17]. A nadadora Lia Thomas, que supostamente "mostrou o pênis dela" no vestiário feminino – era um homem que se chamava Will Thomas e que deixou de ser um nadador universitário medíocre para

---

14. *Scottish Sun*, 11 de dezembro de 2021.
15. *Fair Play For Women*, 19 de janeiro de 2021.
16. *Idem*.
17. *New York Post*, 17 de setembro de 2021.

se tornar uma das melhores nadadoras universitárias dos Estados Unidos ao se transformar em Lia. Aquela detenta chamada Karen White que abordou outra detenta com "o pênis dela" para fora das calças – é na verdade um homem chamado Stephen Terence Wood cujos crimes incluem o assédio sexual a dois meninos de 9 e 12 anos, e o estupro de uma mulher grávida[18].

O pênis é dele, dele, dele. É essa a combinação de palavras pela qual você tanto procurava. "Dele" é o único pronome possessivo adequado para a palavra "pênis". Mas claro que estamos lidando com algo que vai além de um problema de gramática. Um cursinho atualizado de português[19] não bastará para consertar essa estranha tendência, tanto na imprensa quanto no sistema judiciário, de fazer referência a "o pênis dela". Não, esse é um problema de lógica. É um problema de raciocínio. O fato de "o pênis dela" estar por todos os cantos – do *Times* aos processos penais, passando pelas discussões da polícia quando da investigação de estupros – é sinal de que nosso tempo ignora a realidade e aceita essa nova forma de autoritarismo que exige a santificação das ilusões subjetivas em detrimento da verdade objetiva. A mentira da expressão "o pênis dela" reflete as várias mentiras que somos obrigados a engolir nessa época de tirania moral e linguística.

Eis por que "o pênis dela" importa. Primeiro, porque o uso disseminado desse conjunto de palavras refuta o argumento de alguns analistas que dizem que o identitarismo é obsessão de uma minoria. Que a mentalidade politicamente correta – a manipulação da linguagem de modo que ela se adeque à visão de mundo de uns poucos ideólogos – não está assim tão disseminada quanto dizem. Isto é o que há de estranho neste início de século XXI: travamos uma guerra cultural e ao mesmo tempo enfrentamos o

---

18. *Guardian*, 11 de outubro de 2018.
19. *English*, no original. (N. E.)

negacionismo de que haja uma guerra cultural em andamento. Em geral, as mesmas pessoas dedicadas a destruírem a velha noção racional do mundo, substituindo-a por novas formas de pensamento politicamente correto, como o que insiste que mulheres podem ter pênis, entre outras coisas, são aquelas que negam que isso esteja ocorrendo. Isso é que é manipulação psicológica! A mentalidade politicamente correta é um "mito tóxico" criado por "conservadores ricos", diz uma escritora muito politicamente correta[20]. A ideia de que haja uma polícia do pensamento "embriagada de poder que destrói a velha ordem" se baseia "numa mentira", diz ela. "A verdade sobre a mentalidade 'politicamente correta' é que ela não existe", diz a revista *Vox*[21].

A expressão "o pênis dela" é um aríete contra esse negacionismo explícito. *O pênis dela* enfraquece essas narrativas e expõe a falsidade delas. Afinal, se a mentalidade politicamente correta não existe e se o identitarismo é uma cruzada que ocorre somente nos sonhos de uns poucos conservadores paranoicos, então por que *o pênis dela* está por todo canto? Como foi que essas três palavrinhas entraram para o vernáculo corrente? *O pênis dela* é importante porque essa expressãozinha, com sua falsidade evidente, confirma a extensão do revisionismo do discurso e do pensamento em nosso tempo. Ela mostra como, discretamente, a sociedade foi convencida de que o sexo é irrelevante, a linguagem pode ser mudada e a verdade está subordinada aos sentimentos. Diz-se "o pênis dela", mas eu ouço tudo isso daí.

A introdução do *pênis dela* na análise política e no *espírito* de todas as instituições, da imprensa ao sistema judiciário, mostra como a mentalidade politicamente correta está sendo bem-sucedida em seu objetivo de destruir a razão. "O pênis dela", dizem a imprensa

---

20. *Literary Hub*, 11 de maio de 2021.
21. *Vox*, 28 de janeiro de 2015.

e as autoridades, como se não fosse nada de mais, como se fosse normal, como se essas palavras dispostas assim, lado a lado, não corrompessem a natureza e a verdade. A novilíngua é usada com naturalidade pelas elites.

Até mesmo os políticos já sucumbiram ao culto ao *pênis dela*. "Algumas mulheres nasceram com pênis", diz a deputada trabalhista britânica Stella Creasy[22]. O líder trabalhista Keir Starmer sem dúvida se considera uma voz mais sã e realista do que a sra. Creasy ao dizer que "a maioria das mulheres [...] não têm pênis"[23], mas isso obviamente é dizer a mesma coisa que Creasy dissera. Porque Starmer também acredita que algumas mulheres têm pênis; que há pessoas por aí com pau e bolas que são mulheres. Essa pós-verdade ameaçadora contamina as instituições norte-americanas também. Até onde sei, o presidente Biden não mencionou a expressão *o pênis dela*, embora sem dúvida ele acredite que você pode ser "ela" e ainda assim ter um pênis. A Casa Branca está tomada pela ideologia de gênero. Biden diz que os trans são "feitos à imagem de Deus". Imitando Churchill – mas substituindo os nazistas contra os quais Churchill lutava pelos fascistas de hoje que ainda ousam acreditar que o sexo é determinado pela biologia – Biden disse que lutaria pelos direitos dos trans "nas salas de aula, nos estádios, nos escritórios, no exército e nos nossos sistemas de habitação e saúde"[24]. Ele convocou os pais norte-americanos a "afirmarem a identidade de gênero de seus filhos". Isto é, se o seu menino, seu filho, disser que é menina, aceite, acredite e replique isso. Não se trata mais dele, e sim *dela*. A identidade dela, a vida dela, *o pênis dela*.

O pênis dela já se espalhou por todo o Ocidente. É a expressão que expõe a insanidade dos nossos tempos. Eis outro motivo por

---

22. *Daily Telegraph*, 27 de maio de 2022.
23. *LBC*, 6 de junho de 2022.
24. *New York Post*, 31 de março de 2022.

que "o pênis dela" importa – é uma expressão sintomática do despotismo cultural que afeta a sociedade anglo-americana. Hoje há uma pressão palpável, ainda que às vezes imperceptível, não só para que se diga "o pênis dela", mas também para que se *acredite* nisso; para que se acredite que o homem biológico à sua frente, com seus cromossomos XY e voz entrecortada, com "o pênis dela", é na verdade uma mulher. "Algumas mulheres têm pênis – aceite isso", como diz o *slogan* preferido de alguns ativistas[25]. Em outras palavras, ignore a biologia. Ignore a realidade. Em vez disso, submeta-se à ideologia da pós-verdade professada pelas forças policiais, políticos, governos e pela imprensa, que insiste em dizer que uma pessoa com um pênis pode ser mulher e que a verdade biológica, a ciência em si, é só um detalhe insignificante.

Pense nas consequências orwellianas de "o pênis dela". Ou melhor, pense na guerra cultural contra a natureza e a razão contida nessa expressão de três palavrinhas. A ideologia de gênero é fundamental para a visão de mundo das novas elites. E, com sua linguagem manipulada, seu desprezo pela biologia e a mentira contada a toda uma geração e que diz que o sexo de uma pessoa é uma questão de escolha, é uma ideologia que parece uma versão real do Grande Irmão[26]. Em *1984*, uma das funções de Winston Smith no Ministério da Verdade é revisar velhos artigos de jornal de modo que o conteúdo deles esteja de acordo com a propaganda do Partido. O próprio noticiário se torna subserviente à ideologia da elite governante. Isso é o que está acontecendo hoje em dia. As reportagens que dizem que uma "Mulher" mostrou "o pênis" ou que "uma mulher" atacou duas outras mulheres com "o pênis ereto e saindo da calça" são propaganda. O objetivo supostamente mais

---

25. *Twitter*, 8 de setembro de 2022.
26. *Big Brother*, personagem quase onipresente, em forma de Estado, no romance distópico de George Orwell, *1984*. (N. E.)

elevado da imprensa, mais elevado do que a verdade em si — o de promover o credo da fluidez de gênero — subjugou a realidade de que essas coisas foram feitas por homens, com *os pênis deles*.

Um dos exemplos mais claros da dedicação da imprensa a uma ideologia que gera desinformação apareceu no *New York Times*. Sim, até mesmo o jornal mais importante dos Estados Unidos aceita a ideia de que um homem se torna mulher simplesmente ao dizer que é uma. Em março de 2022, o *NYT* contou a história de uma "mulher de 83 anos, residente no Brooklyn", suspeita de matar e decapitar uma mulher de 68 anos[27]. Aparentemente, a vovó assassina já tinha matado antes. Na manchete do *NYT*, lia-se: "Ela matou duas mulheres. Aos 83, é acusada de desmembrar uma terceira". A *BBC* cobriu a mesma história de uma idosa decapitando outra mulher. Os policiais "fizeram buscas pelo apartamento dela" e encontraram "uma cabeça humana"[28]. *O apartamento dela*. Mentira. Só mais uma. Na última frase, a reportagem dizia que esse assassino de 83 anos é uma pessoa "que se identifica como uma mulher trans". Ou seja, um homem. No meio do texto sobre o assunto no *NYT*, lê-se que o octogenário "estava registrado como homem em relatórios criminais antigos, mas agora se identifica como mulher". Ou seja, um homem. "O apartamento dela", "ela é acusada", "ela matou" duas mulheres no passado — tudo isso é mentira, invenções surgidas de uma aliança tão intensa com a ideologia de gênero que o respeito aos pronomes de um assassino é mais importante do que dizer a verdade sobre o que as vítimas enfrentaram. E o que as vítimas enfrentaram foi o assassinato por um homem, um tal de Harvey Marcelin, no apartamento *dele*, pelas mãos *dele*, a fim de saciar a vontade *dele* de matar mulheres.

---

27. *New York Times*, 10 de março de 2022.
28. *BBC News*, 14 de março de 2022.

O culto ao "pênis dela" não interfere apenas no noticiário policial, mas também no registro oficial da criminalidade. Como vimos, algumas forças policiais no Reino Unido classificam até estupros como se tivessem sido cometidos por mulheres no caso em que o suspeito se identifica como tal. "Forças policiais permitem que estupradores se identifiquem como mulheres", lê-se no *Sunday Times*[29]. Isso corrompe até o sentido do estupro, que, de acordo com a lei inglesa e galesa, é definido como "crime no qual uma pessoa penetra intencionalmente a vagina, ânus ou boca de outra pessoa *com o pênis dele*", sendo que essa outra pessoa "não consente com a penetração". *O pênis dele*. Está lá, na lei democraticamente elaborada. Mas na prática – nos tribunais, delegacias e imprensa – *o pênis dela* é usado quando o estuprador tem a ilusão de ser mulher. É uma sociedade profundamente perturbada essa que considera a validação da identidade ilusória de homens maus mais importante do que dizer a verdade. Como se lê em uma análise jornalística, tanto a sociedade quanto o indivíduo saem perdendo quando a fantasia de gênero se sobrepõe à realidade biológica na discussão e na condenação por um crime. Essa postura

> desvirtuará as estatísticas da violência sexual masculina, traumatizando ainda mais vítimas de estupro que podem ser obrigadas a se referir 'ao pênis dela' quando tratarem do estuprador[30].

O pênis dela. Aí está ele mais uma vez. Palavras que até mesmo as vítimas de estupro talvez tenham que dizer. Para essas mulheres, a expressão não é apenas uma mentira; é também um franco ataque ao direito que elas têm de dizer a verdade sobre o que passaram. Para os que dizem que o politicamente correto é mito criado por

---

29. *The Sunday Times*, 20 de outubro de 2019.
30. *The Sunday Times*, 26 de dezembro de 2021.

velhos brancos raivosos, como explicar que chegamos a um ponto tal que a vítima de um abuso sexual pode ser obrigada a dizer "o pênis dela" ao fazer referência ao homem que a atacou? Primeiro a mulher é obrigada a se submeter ao ato sexual forçado; depois é obrigada, pela imposição da cultura a respeitar as ilusões de gênero do homem. Obrigada a fazer sexo e depois obrigada a mentir a fim de fomentar as fantasias do criminoso. O politicamente correto hoje controla não apenas a verdade e a lei, mas também a dignidade humana.

Obsessão – eis a palavra-chave aqui. Todos somos levados, por vários meios, a usar os pronomes preferenciais do outro, a nos referirmos a homens como "elas", a aceitarmos que o sexo pode ser mudado, a usarmos termos pós-sexuais como "indivíduos com cérvix" ou "amamentação masculina". Uma das maiores heresias do nosso tempo é dizer que homens são homens e mulheres são mulheres. A biologia é uma heresia hoje em dia. G. K. Chesterton (1874-1936) percebeu que isso aconteceria. "Em breve viveremos num mundo em que as pessoas perseguirão a heresia de chamar uma figura de três lados de 'triângulo'", disse ele[31]. É nesse mundo que vivemos hoje. Se o triângulo se identifica como quadrado, é porque é um quadrado. O *New York Times* vai chamá-lo de quadrado. A *BBC* também.

Em 2017, a *CNN* publicou um anúncio que tinha como alvo a mentalidade "pós-verdade" de Donald Trump. O anúncio trazia a foto de uma maçã. "Isto é uma maçã", lia-se.

> Algumas pessoas podem querer convencê-lo de que é uma banana. Talvez eles gritem banana, banana, banana. Talvez escrevam BANANA com letras maiúsculas. Você talvez até

---

31. CHESTERTON, G. K. *Collected Works: Volume 1: Heretics, Orthodoxy, The Blatchford Controversies*. Ignatius, 1986.

comece a acreditar que se trata de uma banana. Mas não é. É uma maçã[32].

Essa é a mesma *CNN* que criticou J. K. Rowling por dizer que mulheres são mulheres. Existem também as "mulheres trans", disse à *CNN*, "que nasceram homens, mas se identificam como mulheres"[33]. A *CNN* combateu a defesa da realidade biológica, defesa feita por Rowling, cedendo espaço ao porta-voz de uma instituição LGBTQ: "É importante que reconheçamos claramente que mulheres trans são mulheres". Mas e se a maçã da *CNN* se identificasse como banana? Teríamos de reconhecê-la como banana? A fruta pode ter sido considerada uma maçã pela pessoa que a colheu, mas e se alguém agora achou por bem chamá-la de banana? Um dia "as pessoas serão perseguidas por dizerem que dois mais dois é igual a quatro", disse Chesterton. Esse dia chegou. Somos perseguidos por dizermos que quem tem cromossomos XY e um pênis é um homem.

A obsessão por usar o dialeto correto e por pensar "do jeito certo" em relação ao sexo e gênero se manifesta de várias formas. Alguns estados pretendem usar a força da lei para obrigar a adesão à ideologia de gênero. No estado de Nova York, a Comissão de Direitos Humanos publicou um manual jurídico sugerindo que patrões e donos de propriedades alugadas devem ser multados se não usarem os pronomes de preferência dos funcionários e dos locatários. Se o locador ou o empresário "intencional e consistentemente" ignorar os pronomes de preferência da pessoa, mesmo que se trate de pronomes excêntricos como "elu/delu", deve estar sujeito a multa de até US$ 250 mil, de acordo com a comissão[34]. Por todos os cantos, as pessoas são "estimuladas" a respeitar os

---

32. *Vox*, 23 de outubro de 2017.
33. *CNN*, 10 de junho de 2020.
34. *New York Post*, 19 de maio de 2016.

pronomes alheios e às vezes até a expor suas preferências. A *BBC* "estimula" os funcionários a informar os pronomes nos *e-mails* corporativos[35]. Empresas que são símbolo do capitalismo, como Goldman Sachs, Virgin Management e Lloyds, também "estimulam" o uso ideológico dos pronomes. "Estimular" é um eufemismo. O que há nesses casos é uma obsessão. Como informa o *Wall Street Journal*, muitos funcionários se submetem ao culto dos pronomes "estimulados pela empresa"[36]. Esse estímulo se dá por meio da tentativa insistente de persuasão. O que é uma forma educada de dizer "obrigar".

O ostracismo social ou econômico costuma ser o destino dos que se recusam a prestar reverência à religião da fluidez de gênero. A tributarista Maya Forstater, por exemplo, foi demitida por se recusar a acreditar que homens podem se tornar mulheres[37]. A advogada Allison Bailey sofreu discriminação no trabalho por acreditar que o sexo não pode ser mudado – isto é, por saber um pouco de biologia[38]. A escritora Gillian Philip foi demitida tanto por seu agente literário quanto por seu editor pelo crime de se solidarizar com J. K. Rowling. Por causa disso – por usar a *hashtag* #ConcordoComJKRowling –, a sra. Philip recebeu "mensagens que a ameaçavam de morte e estupro". Os *e-mails* foram enviados para os editores e exigiam a demissão dela. "Tudo acabou no dia seguinte, depois que perdi minha fonte de renda", disse ela[39]. Bastam 24 horas para os que expressam uma versão contemporânea da "heresia de chamar um triângulo de triângulo", de Chesterton, sejam ameaçados, demonizados e cancelados. E ainda há quem diga que o politicamente correto é um mito.

---

35. *The Times*, 10 de julho de 2020.
36. *Wall Street Journal*, 16 de setembro de 2021.
37. *The Times*, 7 de julho de 2022.
38. *BBC News*, 27 de julho de 2022.
39. *Daily Mail*, 28 de setembro de 2022.

Não importa que a submissão à ideologia de gênero seja feita à força ou "estimulada". Não importa que as pessoas estejam sofrendo pressão para acreditarem nisso graças ao jargão jurídico, ou sob ameaças ou sob os gritos, de tuiteiros furiosos. O resultado é o mesmo: a cultura do conformismo se impõe e quem blasfemar contra ela corre perigo. "Mas usar os pronomes preferidos da pessoa e reafirmar a identidade dela é uma questão de educação", dizem alguns. Ou, como disse certa vez o comediante Stewart Lee, o politicamente correto é apenas "a boa educação institucionalizada". Mas isso não tem nada a ver com educação. Trata-se de submissão. Trata-se de obrigar as pessoas a aderirem a novas ortodoxias. Trata-se de destruir os hereges. Trata-se de fazer com que duvidemos da nossa razão e de nos "estimular" a aceitarmos a sabedoria elevada de ideólogos que acreditam que uma maçã é sempre uma maçã, mas um homem nem sempre é um homem.

Usar os pronomes de preferência das pessoas e obedientemente dizer coisas como "o pênis dela" não são apenas indícios de boa educação, e sim símbolos da subserviência à revolucionária ideologia de gênero. Como escreve uma autora feminista, "os pronomes não são neutros". Pelo contrário, o uso dos pronomes preferenciais, sobretudo quando sob estímulo, é "extremamente político". Pessoas que usam os pronomes dessa forma estão a mostrar que acreditam que "todos têm uma identidade de gênero própria e o uso dos pronomes ele/dele, ela/dela, eles/deles, elu/delu ou coisa assim é uma expressão dessa identidade"[40]. "Mas essa crença", continua ela, de que "cada um de nós tem um ser interior, uma alma com gênero e contida num corpo com um órgão reprodutor que pode não combinar com o gênero", é "quase religiosa". Ao sermos levados a usar os pronomes ela/dela para nos referirmos a homens e ao aceitarmos a ideia de que há um gênero interior e

---

40. *Legal Feminist*, 19 de julho de 2020.

um sexo exterior e que às vezes eles não combinam, estamos sendo levados a nos convertermos a uma nova religião. A religião da fluidez de gênero. A religião das almas com sexo. Essa conversão "estimulada" vai totalmente contra o Iluminismo e a liberdade de consciência que ele prometeu para a Humanidade. Jamais deveríamos ser "levados, pelo fogo ou pela espada, a defendermos certas doutrinas", disse John Locke (1632-1704)[41]. Mas é o que nos acontece hoje em dia. Somos levados, sob a ameaça de uma lepra social, a defendermos a doutrina do "pênis dela".

E é aqui que podemos vislumbrar o elemento mais pernicioso da mentalidade politicamente correta: seu ataque à nossa *vida interior*. Por meio da semirreligião da fluidez de gênero, as elites exigem não só que nos submetamos *exteriormente* a seu sistema de crenças, mas interiormente também. Apesar de todo esse papo de "boa educação", aos olhos dessas elites não basta prestar deferência à ideologia de gênero. Não, você precisa tê-la gravada na alma. Como escreve um autor ativista da causa trans, os pronomes não são apenas uma forma de "demonstrar respeito" pelos outros; são também uma forma de mudar a natureza da pessoa. "Dominar o uso correto dos pronomes é o primeiro passo para entender melhor a identidade de gênero"[42]. Um jornalista da *Wired* foi mais direto. "Os pronomes de gênero neutro são capazes de mudar a cultura", diz ele. Claro que é bom "encontrar uma linguagem que acomode as identidades das pessoas", escreve ele. Isso é "ser educado". Mas mais importante é estimular o uso dos pronomes preferidos para que isso possa ajudar a "gravar essa nova ideia em *todo mundo* (grifo meu)"[43]. "A nova linguagem [...] pode se tornar

---

41. LOCKE, John. *Segundo Tratado de Governo e Carta Sobre a Tolerância*. Oxford World's Classics, 2016.
42. *Very Well Mind*, 3 de março de 2022.
43. *Wired*, 15 de agosto de 2019.

um instrumento útil para mudar a forma como as pessoas tratam umas às outras", diz ele. "É por meio da linguagem que a cultura cria imagens de gênero", continua. Por meio do policiamento da linguagem, podemos "direcionar a mudança".

Isso é uma confissão do espírito orwelliano em que se baseia o politicamente correto e a ideologia de gênero. Não se trata de "institucionalização da boa educação"; estamos falando é da internalização do pensamento politicamente correto. Orwell conhecia muito bem a relação entre a linguagem e o pensamento, e como o controle da linguagem permite o controle do pensamento: "Se o pensamento corrompe a linguagem, a linguagem também pode corromper o pensamento"[44]. Ele dedicou boa parte de seu *1984* a explorar como esse exercício do poder sobre o que pode ser dito facilita o controle sobre o que pode ser pensado e sobre como os indivíduos se veem e veem seu lugar na sociedade. "Você não está vendo que o objetivo da novilíngua é estreitar o pensamento?", pergunta Syme, um lexicógrafo do Ministério da Verdade. "No fim, temos de tornar o crimideia[45] algo literalmente impossível, porque não haverá palavras para expressá-lo"[46]. A versão real desse esforço fictício de se sobrepor à vida interior do homem por meio do controle da linguagem que ele pode usar na sociedade é exposta com mais sutileza, mas de uma forma não menos ameaçadora. "A novilíngua [...] pode ser um instrumento útil para mudar a forma como as pessoas tratam umas às outras", diz os Symes de hoje em dia[47].

---

44. ORWELL, George. *A Política e a Língua Inglesa*. Penguin Modern Classics, 2013.
45. Em *1984* o "crimideia" é o delito de pensar algo contrário à ortodoxia estatal, trata-se, assim, de um simples "pensar criminoso", passível de punições pelo Estado. (N. E.)
46. ORWELL, George. *1984*. Secker & Warburg, 1949.
47. *Wired*, 15 de agosto de 2019.

As novas elites estão conseguindo promover uma extraordinária e assustadora revolução por meio da manipulação da linguagem quanto ao sexo e ao gênero. Mas nenhuma faceta da experiência humana foi poupada dessa religião. Do nascimento à paternidade, passando pela capacidade que os povos têm de usar a razão para se entenderem e avaliarem, tudo foi afetado pela cruzada elitista de mudar como falamos e pensamos o sexo.

A expressão "sexo determinado quando do nascimento" transforma radicalmente a forma como vemos a criação da vida humana. Esse léxico está prestes a pôr em xeque "a relação tradicional entre a genitália com que se nasce e a determinação de uma das duas identidades de gênero padrão", escreve um ativista trans[48]. Ou seja, a crença humana desde o princípio do tempo (de que o sexo é algo que se observa quando do nascimento) estava errada. Era, na verdade, uma crença preconceituosa. A verdade é que não podemos determinar o sexo da criança e devemos buscar um sexo "autodeterminado", porque sexo e gênero são coisas que sentimos, não coisas que somos. Meninos e meninas não nascem mais assim; ao contrário, criaturas sem gênero surgem e devemos permitir que elas descubram seu gênero à medida que amadurecem. Essa ideia vai contra a razão. Mas alguns documentos oficiais estão prestes a usar a revolucionária expressão "sexo determinado quando do nascimento". O censo britânico de 2021 cogitou permitir que "aqueles cujo gênero é diferente do determinado quando do nascimento" se declarassem como quisessem, mesmo que o sexo escolhido "não fosse o mesmo da certidão de nascimento"[49]. Assim, até mesmo o estudo da composição da nossa sociedade e dos fatos da nossa civilização se submetem à mentira da subjetividade de gênero.

---

48. FAYE, Shon. *A Questão Trans: uma Defesa da Justiça*. Allen Lane, 2021.
49. Orientações sobre as questões a respeito do sexo, identidade de gênero e orientação sexual do ensaio para o Censo de 2021, Departamento Nacional de Estatística.

A forma como compreendemos a criação dos filhos também está sendo afetada. Palavras e expressões ressignificadas, como "genitore"[50] no lugar de "mãe" e "amamentação masculina" no lugar de "amamentação", nos "estimulam" a duvidarmos das características sexuais distintas da maternidade e da paternidade. Até mesmo o Serviço Nacional de Saúde (NHS[51], na sigla original) usa essa terminologia pós-sexual para se referir às mães. O NHS Norfolk e o Suffolk Foundation Trust usam a expressão "genitore"[52]. Em algumas instituições de ensino, alunos de obstetrícia são estimulados a usar a linguagem neutra, como "pessoa grávida"[53,54]. Palavras que têm um significado profundo na vida comunitária, sobretudo "mãe", estão sendo apagadas aos poucos, a fim de não ofender a seita do relativismo pós-sexual. Até mesmo certidões de nascimento, o meio pelo qual a sociedade registra a condição real do cidadão que nasce, correm o risco de serem vítimas da perversão de gênero. A Irlanda aprovou, em 2015, uma legislação

---

50. No original: *birthing parent*. Cabe notar aqui que o tradutor fez um esforço para atualizar, na língua portuguesa, a problemática da linguagem neutra que o autor denuncia no original, em inglês. No português, há o recurso da vogal temática para marcar, nos substantivos, o gênero masculino e feminino. Dessa forma, para marcar a neutralidade, em português, a proposta ideológica é substituir essas vogais, em geral, o "a" e o "o", por "e" ou "i". No inglês, não há o recurso do uso de vogais para marcar gênero, nem neutralidade. Para denotar neutralidade na língua inglesa, eles recorrem à criação de palavras novas, ao uso de neologismos. Aliás, na língua inglesa, existe uma espécie de "neutralidade" nativa, ela não é, porém, uma neutralidade ideológica, política ou até mesmo sexual, mas uma propriedade da própria língua anglófona. Na língua portuguesa, por sua vez, o uso do "genitorE", trocando/acrescentando uma vogal final – que naturalmente denotaria gênero masculino ou feminino – foi a maneira ideológica encontrada pelos militantes progressistas para dobrar a linguagem aos propósitos ideológicos e políticos do wokeísmo contemporâneo. (N. E.)
51. National Health Service. (N. E.)
52. *Daily Mail*, 29 de agosto de 2022.
53. *Daily Mail*, 10 de outubro de 2022.
54. Ver nota 50. (N. E.)

que permite que trans alterem suas certidões de nascimento – "uma nova certidão de nascimento pode ser emitida para refletir o nome e o gênero de preferência", lê-se no *Irish Times*[55]. No Reino Unido, discutiram-se mudanças semelhantes, ainda que o apoio popular a essa interferência orwelliana tenha diminuído drasticamente. Em setembro de 2022, a Pesquisa Britânica de Comportamentos Sociais descobriu que a proporção de pessoas que apoiavam a alteração em certidões de nascimento a fim de se adequarem ao gênero atual havia caído de 53% para 32% em dois anos[56]. Muitas pessoas percebem claramente as implicações irracionais e autoritárias de se permitir a alteração de informações verídicas sobre os nascimentos. Deixar que as crenças subjetivas atuais se sobreponham a registros objetivos de acontecimentos pretéritos seria extraordinário – uma prova de que o politicamente correto chegou ao ponto de subjugar toda a realidade.

A maternidade foi relegada a segundo plano. A biologia é vista como uma forma de preconceito. As notícias sofrem a influência da propaganda. Uma nova geração é levada a se sentir tão insegura quanto ao sexo e ao gênero que cada vez mais pessoas se dizem "de gênero neutro" ou se submetem à mutilação dos bloqueadores de puberdade ou do tratamento hormonal. Essas são as consequências da religião das almas de gênero determinado. E tudo isso é produto da linguagem. Da força que nos faz falar de certa forma e, assim, pensar de certa forma também. Ao "estimularem" a submissão às novas regras linguísticas e ao punirem como "transfobia" qualquer um que se recuse a seguir essas regras, as elites conseguiram revolucionar milênios de experiência humana e mudar radicalmente a forma como pensamos o sexo, a sociedade, nós mesmos e nossas relações com os outros. A linguagem é mesmo

---

55. *Irish Times*, 8 de setembro de 2015.
56. *The Times*, 22 de setembro de 2022.

"um instrumento útil para mudar como as pessoas tratam umas às outras". Chamemos o culto ao "pênis dela" do que ele é: um assustador ato de reprogramação cultural por meio do qual estão nos tirando o conhecimento orgânico e tradicional, obrigando-nos a viver num admirável mundo novo onde o que as elites dizem que é a verdade é a verdade. Um admirável mundo novo no qual o pesadelo de Spinoza (1632-1677) quanto ao governo tirânico – no qual homens "deixam de ser seres raciais e se transformam em monstros ou fantoches" – está mais perto de se tornar realidade. Porque quando somos levados a não termos mais certeza quanto à nossa identidade e quanto ao que significa nosso nascimento; quando somos levados a sermos sempre obedientes em pensamento e discurso, nos tornamos menos livres do que os animais domésticos e estamos prontos para a interferência e a correção dos guardiões do pensamento.

Nada expõe mais a necessidade de uma heresia do que a confusão da religião da fluidez de gênero. Agora sabemos quanto custa não refutarmos e deixarmos os outros nos dizerem como devemos nos expressar e pensar. Agora realmente sabemos quanto custa permitir que interfiram em nossas vidas interiores. O homem deve ser "dono do seu próprio pensamento", dizia Spinoza. Ele jamais deve ser "levado a falar de acordo com regras de um poder supremo". Esta é a primeira obrigação do herege: resistir à obsessão ideológica.

Expressar-se livremente. Jamais ter medo de dizer a verdade. Recusar-se, a qualquer preço, a dizer coisas abomináveis como "o pênis dela".

CAPÍTULO 2

ENCONTRANDO AS BRUXAS

Em 1590, na Escócia, uma senhora chamada Agnes Sampson foi presa. Ela morava em East Lothian. Na juventude, ela trabalhara como parteira e curandeira, mas ultimamente vivia na miséria. Ela foi julgada, condenada e levada para o Castelo de Edimburgo, onde, em 28 de janeiro de 1591, foi enforcada e depois queimada em praça pública[57]. O crime? Mudanças climáticas.

Entre outras coisas, Sampson foi acusada de despertar "ventos contrários". Ela foi perseguida por causa dos problemas que o rei James VI (1566-1625) enfrentava ao tentar trazer sua nova esposa, Ana da Dinamarca (1574-1619), para a Escócia, que estava sendo assolada por um clima horrível. Ventos "incomuns" viraram navios da frota real[58]. Por duas vezes, o navio de Ana teve de aportar na Noruega devido a "tempestades inclementes"[59]. James, influenciado por notícias publicadas na Dinamarca que diziam que bruxas estavam sendo queimadas por supostamente atrapalharem a viagem de Ana, acreditou que havia um plano semelhante na Escócia. E passou a defender a existência de uma "mágica climática", na qual

---

57. *Edinburgh News*, 8 de março de 2022.
58. "Witches by Weather: The Impact of Climate in Early Modern Witch Trials", *Retrospect*, Universidade de Edimburgo, outubro de 2021.
59. GREGORY, Philippa. "James VI and Witchcraft", *Philippagregory.com*, 11 de setembro de 2018.

bruxas usavam o poder demoníaco para provocar tempestades incomuns, chuvas de granizo e nevoeiro[60].

O resultado disso foram os Julgamentos das Bruxas de North Berwick, um dos episódios mais letais da caça às bruxas no Reino Unido. Cem anos antes da conhecida perseguição às bruxas de Salém, em Massachusetts, a histeria em North Berwick contou com 150 acusações e muita tortura para se conseguir confissões que resultaram em 25 mortes[61]. A srta. Sampson foi apenas uma. Ela e outras foram acusadas não apenas das coisas normais de bruxa, como curas misteriosas, maldições e coisas do gênero, mas de outra coisa também. Foram acusadas de mexerem no clima. Disseram que elas atraíam o mau tempo. Que elas usaram sua iniquidade para "invocar" tempestades horríveis "em conluio com o diabo"[62]. Tudo porque, nas palavras do almirante dinamarquês Peter Munch, responsável por transportar Ana até a Escócia, o que seus navios enfrentavam não era um evento climático comum – não, "tem de haver algo além da força comum nesses ventos e nesse clima"[63].

As mulheres de North Berwick talvez estejam entre as primeiras vítimas da histeria climática, dessa necessidade de culpar os humanos maus pelo clima anômalo. E não foram só elas. Na Europa, entre os séculos XVI e XVIII, mudanças climáticas foram a principal acusação feita contra bruxas. No livro *A Descoberta da Bruxaria*, de 1584, Reginald Scot (1538-1599), parlamentar e escritor britânico, reforçava a ideia das bruxas como seres capazes de alterar o clima. Muitos acreditam que as bruxas "são capazes de invocar granizo, tempestades e outros fenômenos climáticos prejudiciais", escreveu ele; elas também são capazes de "esconder

---

60. "Witches by Weather: The Impact of Climate in Early Modern Witch Trials", *Retrospect, op. cit.*
61. *Smithsonian Magazine*, 6 de janeiro de 2022.
62. *History Collection*, 27 de agosto de 2018.
63. *Idem.*

o sol e manipular o dia e a noite, trocando um pelo outro". Scot era cético quanto às bruxas. Ele pedia calma durante as caças às bruxas. Para ele, o clima era um fenômeno natural ou celestial, e não algo a ser manipulado por pessoas más. "Não é nem uma bruxa nem um demônio, e sim Deus Glorioso quem faz ressoar um trovão", escreveu ele. "Deus faz as tempestades e os redemoinhos também", acrescentou[64]. Mas o apelo dele à razão encontrou ouvidos moucos. A maioria das pessoas preferia a ideia, mais tarde divulgada por ninguém menos do que James VI, de que uma bruxa podia "lançar chuvas e tempestades no ar"[65].

Naquela época, a caça às bruxas na Europa estava ligada às preocupações quanto às mudanças climáticas. Aquela era a Pequena Era do Gelo, um período que foi de 1300 a 1850, no qual o Hemisfério Norte enfrentou invernos extraordinariamente severos[66]. O impacto da Pequena Era do Gelo foi devastador. O clima frio influenciou as colheitas na Europa, principalmente nas plantações de grãos. Depois de vários períodos frios no século XVI, foram necessários *180 anos* para as colheitas de grãos voltarem aos níveis anteriores[67]. O resultado, nas palavras do historiador alemão Philipp Blom, foi uma "prolongada crise agrícola que se estendeu por todo o continente"[68]. E isso levou a um aumento na caça às bruxas. Blom explica como, sobretudo no norte da Europa, "a mistura de colheitas ruins e do medo constante da fome e de doenças" levou a um aumento nos casos "de uma histeria coletiva específica: os julgamentos de bruxas". Milhares de mulheres e às

---

64. SCOT, Reginald. *A Descoberta da Bruxaria*. 1584.
65. Rei James VI da Escócia / Rei James I da Inglaterra. *Daemonologie*. 1597.
66. LANCHESTER, John. "How the Little Ice Age Changed History". *New Yorker*, 25 de março de 2019.
67. *Idem*.
68. BLOM, Philipp. *Nature's Mutiny: How the Little Ice Age Transformed the West and Shaped the Present*. Pan Macmillan, 2020.

vezes homens foram queimados por supostamente influenciarem o clima, por provocarem mudanças climáticas.

Durante muito tempo, diz Blom, os historiadores se perguntaram por que esses julgamentos tinham sido "especialmente cruéis" entre os anos de 1588 e 1600, e de novo entre 1620 e 1650. Foi porque esses períodos tiveram os invernos mais frios e as piores tempestades, e o mal a causar essas calamidades climáticas tinha de ser encontrado e extirpado. "As tensões religiosas também tiveram um papel [nesse período]", escreve ele, "mas a correlação entre os eventos climáticos extremos, as colheitas destruídas e as ondas de perseguição a bruxas é inegável"[69].

Não por coincidência, cerca de 110 mil julgamentos desse tipo ocorrem na Europa durante esses séculos climaticamente instáveis. Metade desses julgamentos terminou em condenação e execução. Como os povos com frio e famintos aprenderam na Bíblia, "a feiticeira não deixará viver" (Êxodo 22,18), sobretudo uma feiticeira tão poderosa a ponto de invocar tempestades nas quais "o céu e o mar se tornam um só"[70]. Johann Weyer (1515-1588), médico holandês do século XVI e opositor da caça às bruxas, contou a história de uma mulher que foi obrigada a admitir que tinha provocado mudanças climáticas:

> Uma pobre velhinha confessou sob tortura – quando estava prestes a ser sacrificada nas chamas de Vulcan – que tinha provocado um inverno terrivelmente severo no ano anterior (1565), com frio extremo e neve que não derretia[71].

---

69. *Idem*.
70. "The Witch-hunt in Early Modern Finnmark, Rune Blix Hagen", *Acta Borealia*, v. 16, nº 1, 1999.
71. RAMPTON, Martha. *European Magic and Witchcraft*. University of Toronto Press, 2018.

Os gritos daquelas mulheres torturadas deveriam ecoar até o nosso tempo. A perseguição delas pelo crime de invocar mau tempo deveria nos fazer parar para pensarmos. Como argumenta o historiador alemão Wolfgang Behringer, a histeria climática da caça às bruxas no começo da era moderna mostra o perigo de se moralizar a discussão sobre o clima. Durante a "Pequena Era do Gelo", parte da sociedade europeia considerava as bruxas "diretamente responsáveis pela alta frequência de anormalidades climáticas", escreve ele. E a

> enorme tensão criada na sociedade em consequência dessa perseguição às bruxas mostra o perigo de se discutir as mudanças climáticas sob o aspecto da moralidade[72].

Aliás, ao que parece, esse apelo para que não se moralizem as discussões sobre o clima no século XXI será ouvido por ouvidos tão moucos quanto os que ignoraram a insistência de Reginald Scot em dizer que o clima é um fenômeno celestial, e não obra demoníaca de seres humanos maus. Porque hoje em dia, em nossa era supostamente esclarecida, a vontade de culpar pessoas pecadoras e egoístas por "ventos contrários" ou "clima de destruição em massa", como se diz, é tão intensa quanto durante a Pequena Era do Gelo. A busca pelas bruxas do clima está de vento em popa.

Claro que não ameaçamos lançar as pessoas "responsáveis pelas mudanças climáticas" nas "chamas de Vulcan". Não as enrolamos em cordas grossas e apertamos, causando uma "dor insuportável", como fizeram com a srta. Sampson[73]. Nem mesmo usamos a palavra bruxa. Não, preferimos falar em "criminosos climáticos". "Treze criminosos climáticos que deveriam estar presos",

---

72. BEHRINGER, Wolfgang. "Climatic Change and Witch-hunting: the Impact of the Little Ice Age on Mentalities", *Climatic Change*, n° 43, 1999.
73. *Herald*, 26 de setembro de 2007.

lia-se numa manchete de uma revista de radicais há alguns anos. A lista ia desde Donald Trump a CEOs de petrolíferas, passando por comunicadores como Jeremy Clarkson. O crime de Clarkson é um crime de opinião – ele sugere que as mudanças climáticas são "uma ficção". Por isso, ele e outros "verdadeiros criminosos climáticos" deveriam ser presos, dizem[74].

"A Internet está finalmente denunciando criminosos climáticos", dizia a manchete de uma revista de moda em julho de 2022. Esse texto tinha uma aura de caça às bruxas, dizendo que "é certo se revoltar" contra essas pessoas que "são as maiores responsáveis pela crise climática"[75]. Temos de "deter os criminosos climáticos responsáveis pelas piores emissões de carbono", diz um articulista do *Guardian*[76]. Um veículo esquerdista pede a prisão de "criminosos climáticos" com base no fato de eles ajudarem a estimular "enchentes, incêndios, ondas de calor e outros eventos climáticos extremos"[77]. Essas pessoas são as novas Agnes Sampsons. São a versão contemporânea daquela mulher que Johann Weyer disse ter sido convencida pelo fogo a confessar ter invocado um frio anormal. Isto é, essas são as pessoas que estão sendo acusadas de usarem sua maldade para "invocar tempestades". Só que dizemos que elas são "criminosas", e não "bruxas", e dizemos "mudanças climáticas" em vez de "ventos adversos". Porque agora somos esclarecidos.

Não temos julgamentos de bruxas no Ocidente neste século XXI, mas com certeza há quem *sonhe* com julgamentos desse tipo. Sobretudo para os que ousaram usar sua liberdade de expressão para negar a existência de mudanças climáticas causadas pelos homens. Como pergunta um estudo acadêmico: "Línguas

---

74. *Red Pepper*, 23 de fevereiro de 2016.
75. "A Internet está finalmente denunciando os criminosos climáticos", *I-D*, 26 de julho de 2022.
76. *Guardian*, 23 de agosto de 2006.
77. *Socialist Alliance*, 7 de julho de 2022.

fraudulentas: negar as mudanças climáticas é crime?"[78]. Isso é linguagem bíblica. Tirada dos Salmos. "Tu amas mais o mal do que o bem, e a mentira mais do que o falar a retidão. Amas todas as palavras devoradoras, ó língua fraudulenta", lê-se em Salmos 52,3-4. Hoje, essa condenação religiosa é empregada contra as pessoas que questionam a tese das mudanças climáticas. O autor desse texto que fala sobre as "línguas fraudulentas" da nossa era – William C. Tucker, na época advogado-assistente regional do Departamento de Proteção Ambiental dos Estados Unidos – disse que tais línguas precisam ser silenciadas mesmo. Porque o que elas dizem não é apenas "moralmente repugnante", mas também potencialmente criminoso: "Não podemos permitir que discursos enganosos ou fraudulentos paralisem o debate público sobre um assunto tão importante quanto a sobrevivência da espécie humana e o futuro da Terra"[79].

No passado, as bruxas, incluindo aquelas acusadas de invocarem "climas prejudiciais", às vezes eram submetidas a um instrumento de tortura que consistia em uma peça de metal que segurava a cabeça e outra que ia na boca e que comprimia a "língua fraudulenta" da feiticeira[80]. Hoje em dia, como somos modernos, preferimos propor sanções criminais contra os que exibem uma "língua fraudulenta".

A tirania dos julgamentos contra as bruxas talvez não seja mais possível em nossa época civilizada, mas a fantasia desses espetáculos continua por aí. "Eu me pergunto quais sentenças os juízes darão, nos tribunais criminais do futuro, para aqueles diretamente responsáveis por milhões de mortos pela fome e doenças nas próximas

---

78. *Ecology Law Quarterly*, v. 39, n° 3, 2012.
79. *Idem*.
80. "The Scold's Bridle", Jenny Paull, lancastercastle.com.

décadas", disse certa vez o escritor ambientalista Mark Lynas[81]. Quem são essas pessoas mencionadas nessa frase assustadora? Negacionistas das mudanças climáticas, claro, aqueles que "um dia terão de responder por seus crimes", de acordo com Lynas.

No *New York Times*, Paul Krugman descreve a negação das mudanças climáticas como "uma forma de traição – traição contra o planeta"[82]. O Kennedy Institute of Ethics, da Georgetown University, questiona abertamente se o negacionismo das mudanças climáticas deve ser criminalizado. Sim, "a liberdade de expressão é um dos direitos mais admiráveis da democracia ocidental", diz ele ao discutir a sugestão de um professor norueguês de que negar as mudanças climáticas é crime, mas às vezes "abrimos exceções para opiniões que possam ser consideradas destrutivas e más"[83]. *Más*. Que palavra esclarecedora. Um sinal evidente de que a discussão sobre as mudanças climáticas foi ultramoralizada e deixou de ser uma questão prática sobre como melhorar o meio ambiente para se tornar uma cruzada contra forças malévolas cujas línguas e ações fraudulentas supostamente influenciam o clima.

Claro que não são apenas os "criminosos climáticos" os responsáveis pelo clima adverso de hoje em dia – todos somos. Estamos vivendo a coletivização dos julgamentos das bruxas; nela, todos os seres humanos, apenas por existirem, contribuem para a instabilidade climática. Até mesmo anomalias climáticas são postas na conta da Humanidade.

"Com incêndios florestais, enchentes e pandemias, parece o fim dos tempos – e a culpa é toda nossa", escreveu um articulista da *Hill* em julho de 2021[84]. Numa matéria publicada no *Guardian*, sobre o

---

81. MarkLynas.org, 19 de maio de 2006.
82. *New York Times*, 29 de junho de 2009.
83. Bioethics Research Library, Kennedy Institute of Ethics, Georgetown University, novembro de 2016.
84. *Hill*, 17 de julho de 2021.

sexto Painel Intergovernamental sobre Mudanças Climáticas (IPCC, na sigla original), lê-se que agora finalmente "temos um veredito para os crimes climáticos da Humanidade – somos culpados"[85]. O professor Tim Palmer, da Universidade de Oxford, estabelece uma correlação clara entre o comportamento supostamente pecaminoso do homem e as enchentes e incêndios florestais ao redor do mundo. "Se não diminuirmos as nossas emissões de carbono, em breve o clima se transformará num inferno na Terra", diz ele[86]. Essa visão de que os crimes climáticos da Humanidade criam um ambiente infernal ecoa a demonologia do rei James VI, que acreditava que as bruxas eram convcócidas "por todos os demônios do inferno" a cometer o crime de invocar tempestades, entre outros[87].

Há nas discussões a respeito do clima no século XXI um quê de Velho Testamento. Incêndios florestais e enchentes são vistas como sinais do comportamento pecaminoso da Humanidade. Os incêndios florestais na Austrália são "um alerta para o mundo", disse um ambientalista ao *Guardian* em janeiro de 2020[88]. Os incêndios que tomaram conta da Europa no verão de 2022 foram descritos por alguns como "um apocalipse de calor"[89]. "O inferno está próximo", lia-se numa manchete do *Guardian*[90]. Trata-se de um "apocalipse imediato", consequência de termos "esgotado nossos recursos", o que é "o maior pecado de todos os tempos"[91]. Da mesma forma, enchentes são citadas como reprimendas da Mãe Natureza, por causa de nossos pecados. As chuvas intensas que atingiram o Reino Unido em 2007 foram descritas por um

---

85. *Guardian*, 9 de agosto de 2021.
86. *Idem*.
87. Rei James VI da Escócia / Rei James I da Inglaterra. *Daemonologie, op. cit.*
88. *Guardian*, 2 de janeiro de 2020.
89. *El País*, 19 de julho de 2022.
90. *Guardian*, 24 de junho de 2019.
91. *Hill*, 17 de julho de 2021.

empresário ambientalista como "o alerta do desastre que acompanha o aquecimento global". Parece que "por trás das pesadas nuvens Deus está ocupado, cobrando a conta da Humanidade", disse ele[92]. Mark Lynas também descreve anomalias climáticas como castigos divinos impostos à Humanidade. Sobre enchentes, ele disse que Poseidon está "com raiva das afrontas arrogantes de nós, meros mortais": "Nós o acordamos de um sono de mil anos e desta vez sua ira não terá limites"[93].

Essa ideia de que o clima tem um caráter punitivo, de que se trata de uma retribuição violenta contra as "afrontas" da Humanidade, também ecoa os momentos mais histéricos da Pequena Era do Gelo. Como informa Philipp Blom, além de condenar bruxas como as culpadas pelo caos climático, os líderes religiosos também diziam que o clima adverso era uma expressão do "desprazer" divino. "Todo terremoto, toda erupção vulcânica e toda tempestade era interpretada como... um castigo pela maldade humana", escreve Blom[94]. Era comum que se fizesse "uma associação causal direta entre o mau comportamento e as más colheitas". Na verdade, nos séculos XVI e XVII, "os sermões climáticos se tornaram um gênero literário menor", diz ele. Um praticante especialmente habilidoso desses "sermões climáticos" era o teólogo alemão Johann Georg Sigwart (1554-1618). Em 1599, num sermão proferido na cidade de Tübingen, Sigwart disse que "o Todo-Poderoso exerceu sua vontade misericordiosa aqui". A única solução para a crise climática, dizia ele, era "que todos os homens se arrependessem com sinceridade", o que convenceria "nosso Senhor a nos castigar com menos severidade".

---

92. *Guardian*, 27 de junho de 2007.
93. LYNAS, Mark. *Degrees: Our Future on a Hotter Planet.* Fourth Estate, 2007.
94. BLOM, Philipp. *Nature's Mutiny: How the Little Ice Age Transformed the West and Shaped the Present.* Pan Macmillan, 2020.

Os sermões climáticos voltaram à moda. Só que eles não são mais um "gênero literário menor" – eles são a galinha dos ovos de ouro de editoras e estúdios de cinema. Livros com títulos como *Fúria Climática: Ondas de Calor, Enchentes, Tempestades e a Nova Ciência das Mudanças Climáticas*, *A Última Geração: Como a Natureza se Vingará pelas Mudanças Climáticas* e *A Terra Inabitada: a Vida Depois do Aquecimento Global* confirmam a teoria de que "as interpretações teológicas dos eventos climáticos" – como Blom descreve o clima anômalo da Pequena Era do Gelo – voltaram a prosperar.

Se bem que hoje em dia se exige que nos "arrependamos" não para que os castigos de Deus sejam menos severos, e sim os castigos *da natureza*. Em setembro de 2021, o papa Francisco e o arcebispo de Canterbury, Justin Welby, divulgaram uma nota conjunta em que diziam que a Humanidade agora tem "a oportunidade de se arrepender" por nosso fracasso em "proteger e preservar a natureza"[95]. No ano seguinte, o papa Francisco voltou ao tema. A Humanidade deve "se arrepender e mudar de estilo de vida" se pretende preservar "nosso lar em comum", disse ele[96]. E não são apenas os líderes religiosos que usam essa linguagem da Pequena Era do Gelo. Os secularistas também. Um ambientalista certa vez parabenizou ex-céticos quanto às mudanças climáticas da imprensa por terem "se retratado" e aceitado a verdade do "caos climático"[97]. *Retratar-se* – aí está a pressão religiosa do passado adaptada às plateias contemporâneas. Retratar-se é confessar que não se defende mais determinada opinião ou crença, sobretudo se ela for considerada herética. E não há heresia maior hoje em dia do que questionar a narrativa das mudanças climáticas.

---

95. *Tablet*, 7 de setembro de 2021.
96. *America: The Jesuit Review*, 1º de setembro de 2022.
97. *Guardian*, 21 de setembro de 2006.

As mudanças climáticas, a ideia de que a Humanidade causa um impacto negativo no planeta e que haverá uma extinção em massa se não mudarmos radicalmente nosso comportamento, se transformaram numa das ortodoxias mais ferrenhas do nosso tempo. Questioná-las é se arriscar. Trata-se de uma daquelas crenças para a qual se criou toda uma nova gramática de censura a fim de impedir que ela seja questionada.

Descrever, repreender e castigar os "negacionistas das mudanças climáticas" virou uma atividade rentável. Há livros que pesquisam as origens psicológicas desses pensamentos aparentemente demoníacos. *Even think about it: Why our brains are wired to ignore climate change* [*Nem pense nisso: Por que nosso cérebro é programado para ignorar as mudanças climáticas*], lê-se num desses títulos. O autor, George Marshall, sugere que "lealdades internas" que "evoluíram" entre os homens primitivos podem ser "um obstáculo quando se trata de lidar com uma ameaça universal" como a das mudanças climáticas[98]. Escravos do processo evolucionário, somos incapazes de ver o fenômeno com clareza.

Os psiquiatras analisam o "componente psicológico" da "cegueira diante da realidade científica". Aparentemente, "milhões de pessoas compartilham o fenômeno do negacionismo climático" e algo tem que ser feito a respeito disso[99]. Uma reportagem de 2014 do *Guardian* dizia que "neurocientistas e psicólogos" estão finalmente "começando a entender por que as pessoas reagem com tanta irracionalidade às mudanças climáticas". Seria porque "nosso cérebro está programado para reagir a problemas de curto prazo, e não a riscos de longo prazo"[100]. Assim, nosso cérebro precisa ser consertado. Os sacerdotes de antigamente também

---

98. George Marshall, Bloomsbury USA, 2015.
99. *Psychology Today*, 12 de janeiro de 2019.
100. *Guardian*, 10 de novembro de 2014.

estavam preocupados com a influência das heresias na salvação das almas – hoje os ecossacerdotes, horrorizados diante da heresia do negacionismo climático, querem consertar nossas mentes. Não por meio da discussão racional, uma vez que, para eles, já está claro que os seres humanos se comportam "irracionalmente" quando o assunto é o clima, e sim por meio da manipulação da linguagem e do pensamento. Como expressou o grupo de estudos britânico IPPR, "o trabalho dos ativistas não é convencer por meio da discussão racional, e sim desenvolver e fomentar um novo 'senso comum'"[101].

Mais uma vez nos deparamos com o instinto orwelliano das novas elites, que buscam mudar a linguagem a fim de reformar o pensamento. Como afirmou um professor britânico sobre a discussão em torno do clima, "muitas outras palavras e expressões serão inventadas para adaptar nossa linguagem às mudanças cada vez mais caóticas do clima"[102]. Esses neologismos autoritários já estão sendo criados – e com enorme rapidez. O *Dicionário Oxford* celebrou a "urgência" da invenção de palavras e expressões usadas para se referir ao clima. "O senso de urgência já se reflete na nossa linguagem", disse um porta-voz da publicação. Até mesmo dicionários estão sendo usados para moldar a forma como pensamos as mudanças climáticas.

Na verdade, a própria expressão "mudanças climáticas" está caindo em desuso. O *Dicionário Oxford* nota que, entre 2018 e 2020, o uso do termo "crise climática" aumentou quase vinte vezes no debate público, enquanto o uso da expressão "emergência climática" aumentou 76 vezes[103]. O Observatório da Imprensa e das Mudanças Climáticas da Universidade do Colorado, em Boulder, notou que

---

101. IPPR, agosto de 2006.
102. NERLICH, Brigitte. *UoN Blogs*, Nottingham University, 1º de julho de 2022.
103. *Explorando a linguagem das mudanças climáticas* – edição especial do Dicionário Oxford, Editora da Universidade de Oxford, 21 de outubro de 2021.

a imprensa norte-americana tem adotado "termos mais intensos" para descrever os eventos climáticos. "Linguistas celebram a adoção de uma linguagem catastrófica porque ela ajuda a 'mostrar ao público a ameaça climática cada vez mais urgente'"[104]. Cientistas, a ONU e até manifestantes têm pressionado a imprensa a adotar uma linguagem mais apocalíptica: em 2019, o grupo Extinction Rebellion acampou diante da sede do *New York Times* para exigir o uso da expressão "emergência climática" em vez de "mudanças climáticas"[105]. Fale a verdade sobre o Armagedom! "As palavras que a imprensa usa para tratar dessa questão são importantes", dizem os linguistas, "porque influenciam a opinião pública"[106].

Moldar a opinião pública por meio da manipulação da linguagem é um assunto essencial e assustador do nosso tempo. Neste caso, o objetivo parece ser nos obrigar a adotarmos uma mentalidade apocalíptica, coagindo-nos a enfrentarmos um cenário apocalíptico ao nos fazer pensar menos nas "mudanças climáticas" e mais no caos, no desastre e até no *apocalipse climático* – um termo usado pela revista *New Yorker*[107]. A discordância se tornou praticamente impossível depois que esse tipo de linguagem de fanático passou a dominar o debate público. Como é possível pedir calma em relação a algo como "caos climático"? Como alguém pode dizer que "a Humanidade vai dar um jeito nisso" diante de algo como "apocalipse climático"? Um apocalipse é a destruição total do mundo. Não há como debater isso. Não há um "outro lado" em relação a isso. Ao manipular o debate público a fim de que ele reflita esse medo messiânico quanto ao clima, a elite restringe o que pode ser pensado sobre o assunto, bem como as soluções alternativas a serem propostas. A linguagem determina

---

104. *Fast Company*, 12 de junho de 2021.
105. *Guardian*, 22 de junho de 2019.
106. *Fast Company*, 12 de junho de 2021.
107. *New Yorker*, 8 de setembro de 2019.

o pensamento, e neste caso o pensamento é o de que estamos "no Fim dos Tempos" e que "a culpa é toda nossa".

A assustadora cruzada para manipular a psicologia e a linguagem em relação às mudanças climáticas, tanto mentalmente quanto em nosso discurso, confirma que as elites acreditam que não há necessidade de qualquer tipo de debate quanto ao assunto. Trata-se de um "consenso", dizem. "Caso encerrado", lia-se na manchete de um jornal sobre a ciência das mudanças climáticas[108]. Joel Kotkin chama isso de "síndrome do debate encerrado"[109]. Em assuntos como mudanças climáticas e casamento *gay*, ouvimos o tempo todo que estamos diante de um "consenso", diz Kotkin. Sem perguntas, sem discussão, sem que seja necessária nenhuma "argumentação racional", para usar as palavras do IPPR. Chega. Acabou. Cale a boca. Como Kotkin diz a respeito da "síndrome do debate encerrado" quanto às mudanças climáticas, a consequência é que um tema "dessa importância" é "soterrado pela ideia aparentemente não científica de que todos precisam seguir uma ortodoxia sobre algo que – assim como a natureza de Deus na Idade Média – é considerado "consenso". Assim como do povo assustado na Pequena Era do Gelo esperava-se que obedecessem aos sinais de Deus expressos nos sermões climáticos do sacerdote local, hoje em dia se espera que nós aceitemos obedientemente a opinião científica "consensual" dos proselitistas climáticos do nosso tempo.

Nossos líderes realmente exploram as catástrofes climáticas para proferir sermões, para nos dizer o que devemos pensar e como devemos nos comportar. Em outubro de 2022, o presidente Biden disse que o furacão Ian "finalmente poria fim à discussão quanto à existência ou não das mudanças climáticas"[110]. Um sinal divino! Os ventos contrários estão se manifestando! As mudanças climáticas

---

108. *Guardian*, 19 de outubro de 2021.
109. *Orange County Register*, 22 de abril de 2014.
110. *Guardian*, 5 de outubro de 2022.

são reais e não se tolerará nenhum debate sobre isso. Kotkin tem razão em dizer que a ortodoxia das mudanças climáticas não é científica. Isso, porque na ciência não deveria haver ortodoxias. Essa é uma das coisas mais incômodas nas discussões sobre as mudanças/caos/apocalipse climático – a forma como ela transforma a ciência, antes uma empreitada humanista e aberta, voltada para a compreensão do mundo natural, numa verdade religiosa sobre a qual ninguém pode brincar e imune a blasfêmias. Isso é mais do que uma cultura do cancelamento, mais do que qualquer esforço cínico, por parte das elites, de determinar o que pode ou não ser dito sobre determinado assunto. Isso representa a implosão das virtudes da Revolução Científica em si, bem como da liberdade fundamental do Iluminismo: a liberdade de questionar a autoridade.

Pense em como, nas discussões sobre as mudanças climáticas, se menciona "A Ciência". "A Ciência declara", disse o então secretário-geral da ONU, Ban Ki-moon, em novembro de 2014, como se a ciência fosse uma versão secular da Palavra de Deus[111]. Ecomanifestantes marcham por trás de cartazes que exigem que ouçamos a ciência[112]. "Não quero que você ouça o que eu digo, quero que você ouça os cientistas", disse Greta Thunberg ao Congresso dos Estados Unidos[113]. Cientistas se transformaram em deuses: suas palavras são infalíveis e suas determinações devem ser seguidas.

Até mesmo a Royal Society, a grande instituição do Iluminismo, fundada em 1660 para ampliar o conhecimento científico da Humanidade, hoje propõe a ideia de que "há um consenso científico". Há alguns anos, a instituição enviou uma carta para a ExxonMobil exigindo que ela interrompesse o patrocínio a

---

111. *Guardian*, 2 de novembro de 2014.
112. *Ecologist*, 15 de julho de 2020.
113. *Guardian*, 19 de setembro de 2019.

organizações que negam as mudanças climáticas. "Aceite as provas", diz o documento em tom ameaçador[114]. Por isso um grupo de cientistas fez questão de, numa carta aberta, lembrar a Royal Society que "a beleza da ciência está no fato de que não há 'consenso' e que todo assunto pode ser explorado e que não há conclusão imune à experimentação". "Ainda assim, pela primeira vez na história", lia-se, "a Royal Society está usando a imprensa para dizer enfaticamente 'caso encerrado' em todos os temas científicos"[115].

A velha Royal Society, a Royal Society do Iluminismo, entendia o caráter aberto da investigação científica. Na verdade, o *slogan* da instituição era *Nullius in verba* – nas palavras de ninguém. Esse *slogan* pretendia "expressar a determinação dos membros da Royal Society de resistir ao controle da autoridade"[116]. A própria Revolução Científica tinha como objetivo questionar a tradição e se libertar das ortodoxias antigas em nome da descoberta do mundo natural. Shakespeare (1564-1616) expressa essa nova mentalidade nas palavras de Hamlet para Horácio: "Há mais coisas entre o céu e a terra do que desconfia sua vã filosofia". Hoje em dia, a ciência, ou pelo menos parte dela, faz o contrário. A ciência se tornou autoritária e está sendo usada pelas elites políticas a fim de conferir legitimidade a suas medidas, de modo que elas pareçam "baseadas em provas científicas". A ciência das mudanças climáticas em específico é tratada, nas palavras de Kotkin, como uma ortodoxia que somos obrigados a "seguir". *A Ciência declarou*. A própria Royal Society hoje fala menos em estudar o mundo "nas palavras de ninguém" e mais em "legitimar opiniões apelando a fatos determinados por experiências" – expressão estéril apropriada

---

114. *Guardian*, 20 de setembro de 2006.
115. *PBS*, setembro de 2006.
116. *Chemistry World*, 28 de abril de 2021.

para uma era na qual até a ciência às vezes se vê impelida a corrigir o pensamento, controlar o comportamento e castigar a heresia[117].

Uma das coisas mais curiosas sobre a ciência das mudanças climáticas é que ela é uma das poucas ciências protegidas de críticas e negações. Na sociedade anglo-americana, era moda questionar afirmações científicas. Desde os anos 1960, porém, os intelectuais têm fala na "construção social" da verdade científica. O livro *A Construção Social da Realidade*[118], de Peter L. Berger e Thomas Luckmann, foi publicado em 1966[119]. O filósofo francês Bruno Latour era elogiado nas universidades ocidentais por suas teorias sobre "a construção social dos fatos científicos"[120]. A filósofa feminista Judith Butler diz que até o sexo biológico é uma construção social. Enquanto isso, fala-se também em "decolonizar o currículo científico" para incluir "o conhecimento nativo" – uma forma igualmente válida de conhecimento, aparentemente – na discussão científica[121].

Por todos os cantos, a ciência é desmembrada e relativizada de uma forma que prejudica a investigação científica e a busca pelo conhecimento. O curioso é que a ciência das mudanças climáticas nunca é *desconstruída*. Ela é sacralizada e posta acima de questionamentos toscos de leigos e especialistas. Isso apesar de ser mais *socialmente construída* do que outros ramos da ciência. Isso apesar de ela ser um exemplo claro das obsessões políticas e morais da nova elite. Sobretudo como essa elite perdeu a fé na modernidade e no objetivo de "diminuir sua pegada humana" – isto é, reinar na era da indústria. Todas as ciências são difamadas como exemplo

---

117. *History of the Royal Society*, royalsociety.org
118. Editado no Brasil pela Editora Vozes, está em sua 36ª edição, a última de 2014. (N. E.)
119. BERGER, Peter L.; LUCKMANN, Thomas. *The Social Construction of Reality*. Anchor Books, 1966.
120. LATOUR, Bruno; WOOLGAR, Steve. *Laboratory Life: The Construction of Scientific Facts*. Sage, 1979.
121. *Nature*, 11 de janeiro de 2022.

das prioridades sociais do homem, menos a ciência das mudanças climáticas, que é o exemplo mais claro disso.

Isso acontece porque, quando se trata das mudanças climáticas, não estamos falando de ciência. Estamos falando de cientificismo. Estamos falando do uso da ciência para legitimar pautas políticas. De como as elites tecnocratas usam o conhecimento para promover seus temerosos valores morais. Estamos falando de uma ciência tratada como um Deus para uma era sem deuses, um Deus cujas leis devem ser obedecidas cegamente. Estamos diante da "catástrofe" e "só a ciência pode nos salvar", como publicou o *Guardian*[122]. Isso não é ciência – é religião. Daí porque é heresia, quase blasfêmia, pensar ou expressar qualquer ideia que possa ferir essa visão de mundo mística e misantropa que se diz ciência.

Uma das funções mais importantes do herege é ir contra as ortodoxias, é desconfiar do consenso. Como nos lembra John Stuart Mill (1806-1873), em tempos de tirania "o mero exemplo do inconformismo, a mera recusa de nos ajoelharmos, já é útil. Justamente porque a tirania da opinião busca repreender a excentricidade é que ela é desejável; a fim de romper com a tirania é que as pessoas deveriam ser excêntricas"[123].

Que sejamos excêntricos quanto às mudanças climáticas, então. Que nos recusemos a nos ajoelharmos aos costumes e rituais e à autoflagelação dessa religião que se identifica como ciência. E que digamos o indizível – que a modernidade não destruiu o planeta, e sim o transformou num lugar mais habitável e conhecido. O conhecimento foi ampliado, a liberdade se tornou realidade, a expectativa de vida aumentou, a pobreza diminuiu e a ameaça das catástrofes climáticas foi contida graças à forma inteligente com que exploramos a natureza de modo a criar um

---

122. *Guardian*, 20 de janeiro de 2008.
123. MILL, John Stuart. *Sobre a Liberdade e Submissão das Mulheres*. Penguin Classics, 2006.

mundo próspero[124]. Nossa pegada no planeta é bela e civilizada, não uma mancha a ser apagada. Talvez seja blasfêmia dizer isso agora, mas como bem sabia George Bernard Shaw (1856-1950), "todas as grandes verdades começam como blasfêmias".

De volta à Pequena Era do Gelo. Nem tudo era caça às bruxas. Nem tudo era sermão climático. Nem tudo era terror diante da incerteza meteorológica. Não, porque a ciência e a liberdade modernas nasceram naquele tempo também. Aqueles séculos gelados contribuíram para a queda do feudalismo e o "surgimento dos mercados, da exploração e da liberdade intelectual que constituíram o início do Iluminismo"[125]. Até a música ficou mais bela. Philipp Blom diz que não é coincidência que os mais admirados violinos da história, incluindo os feitos por Stradivarius (1644-1737), foram criados durante a Pequena Era do Gelo. Em parte, isso aconteceu porque as árvores demoram mais a amadurecer nos períodos de frio intenso, o que leva a uma madeira mais densa e "com características sonoras melhores e uma ressonância mais intensa"[126].

É típico do nosso tempo o fato de copiarmos o pior da Pequena Era do Gelo – a caça às bruxas, o medo do clima – em vez de admirarmos o que houve de bom nesse que foi um dos mais tumultuados períodos da história: a ascensão da liberdade de pensamento e o surgimento do ceticismo em relação à ortodoxia, incluindo a ortodoxia da caça às bruxas. Apesar do frio e da escuridão, o ser humano encontrou o caminho da liberdade e da verdade. Em nosso mundo de conforto e abundância, estamos retrocedendo à superstição e ao medo.

---

124. LOMBORG, Bjorn. *False Alarm: How Climate Change Panic Costs Us Trillions, Hurts the Poor, and Fails to Fix the Planet.* Basic Books, 2021.
125. *New Yorker*, 25 de março de 2019.
126. BLOM, Philipp. *Nature's Mutiny: How the Little Ice Age Transformed the West and Shaped the Present. Op. cit.*

CAPÍTULO 3

A COVID COMO METÁFORA

Eles nos disseram para pararmos de falar com nossos vizinhos. Aquela conversinha à toa significa morte. Aquele ar de amizade mata. Embora talvez fosse próprio da "natureza humana", o fato é que "infelizmente não é hora de conversar com os outros e de ser gentil", disse Kerry Chant, secretária de saúde de Nova Gales do Sul. "Não comece um diálogo", ensinava ela[127]. A imagem de pessoas conversando horrorizava os especialistas. "Ainda vejo os vizinhos conversando entre si todos os dias. Temo por eles", disse um médico da Malásia durante um dos *lockdowns*. "Se você encontrar seu vizinho na calçada, não pare para conversar com ele", disse o médico[128]. As autoridades canadenses eram um pouco mais generosas. "Você pode falar com o vizinho por sobre a cerca? Sim, desde que você mantenha uma distância de dois metros dele", dizia Vera Etches, uma das autoridades sanitárias do Canadá[129]. Na verdade, até isso pode ser arriscado, de acordo com um periódico de saúde. Nele se lia que "às vezes os dois metros de distância durante uma conversa não bastam para conter a doença"[130]. "Conversas normais" continuam sendo perigosas, lia-se sob uma

---

127. *Blaze*, 20 de julho de 2021.
128. *Code Blue*, 20 de julho de 2021.
129. *CTV News*, 15 de abril de 2020.
130. *HealthLine*, 26 de fevereiro de 2021.

foto retratando umas das imagens mais assustadoras da Era da Covid: duas pessoas conversando num parque.

Analistas políticos também se enojavam com a visão de duas pessoas conversando. Precisamos falar sobre "a importância de não conversar durante a pandemia", escreveu um articulista da *Atlantic* em agosto de 2020[131]. "Ponha a máscara e cale a boca", lia-se no título. Outro especialista norte-americano dizia que "se todos deixassem de conversar por um ou dois meses, a pandemia provavelmente acabaria"[132]. Salve uma vida – cale a sua boca. Éramos aconselhados a usar "comunicação não verbal" se encontrássemos amigos ou conhecidos. Tente "expressões faciais, movimentos do corpo e mensagens com os olhos", diziam[133]. Qualquer coisa menos falar.

As máscaras foram entusiasmadamente adotadas por alguns com uma forma de evitar não apenas partículas de Covid, mas também conversas tóxicas. "Elas são uma boa desculpa para você não ter que falar com aquele colega de trabalho que você encontra no metrô", disse um articulista do *Independent*. Melhor ainda, elas o protegem da poluição dos germes e pensamentos alheios. Elas "adicionam uma camada de defesa contra aquela pessoa que não escovou os dentes". As máscaras deram adeus àqueles tempos insanos em que "respirávamos e espirrávamos e tossíamos uns em cima dos outros, permitindo a troca de germes"[134]. Que se danem as outras pessoas; o Paraíso é uma vida de máscara.

Se você precisa conversar, use a tecnologia, diziam eles. O ensino universitário era feito a distância. O ensino fundamental – o trabalho essencial de transmitir o conhecimento aos mais

---

131. *Atlantic*, 31 de agosto de 2020.
132. *Idem*.
133. 9 de dezembro de 2020.
134. *Independent*, 5 de julho de 2021.

novos – era feito por Zoom. Acreditava-se que a interação na vida real era tão prejudicial, que os perdigotos eram tão letais, que até lecionar virou atividade de risco. Namore a distância, diziam. A revista *Glamour* deu "21 ideias de encontros virtuais que não o deixarão louca"[135]. Façam sexo virtual também, alguns diziam. E algumas pessoas obedeceram. Uma pesquisa com 6.654 britânicos entre 18 e 59 anos descobriu que 53% deles tinham feito sexo virtual durante o primeiro *lockdown*, em 2020[136]. A gentileza com os vizinhos estava proibida; a masturbação *on-line*, não. Especialistas diziam que as conversas virtuais, facilitadas pelas máquinas, seriam "o novo normal". Nossa

> relação com a tecnologia se aprofundará à medida que porções maiores da população passem a confiar mais nas conexões digitais no trabalho, na educação e na saúde [...] e para interações sociais básicas

disse o Pew Research Center, em 2021[137].

Mas tome cuidado *on-line* também, alertavam eles. Tome cuidado com a "infodemia". Uma infodemia é quando há "informações demais, incluindo informações falsas ou enganosas, nos ambientes digital e físico durante um surto epidêmico", explicava a Organização Mundial da Saúde (WHO)[138]. O debate virtual pode até estar livre dos perdigotos de seus vizinhos e colegas, mas ainda assim pode adoecê-lo – a desinformação "causa confusão e comportamentos de risco que podem prejudicar sua saúde", declarou a OMS.

---

135. *Glamour*, 29 de janeiro de 2021.
136. *Sky News*, 17 de dezembro de 2021.
137. Pew Research Center, 18 de fevereiro de 2021.
138. *Infodemic*, who.int

A interação *on-line*, apesar de livre de gotículas, era descrita como uma poluição em potencial, como uma placa de Petri de bactérias intelectuais. As metáforas da doença eram abundantes nas discussões sobre a vida virtual durante a pandemia. "Há uma pandemia de desinformação" na Internet, diziam os políticos britânicos[139]. "Estamos vendo o surgimento de outra pandemia", disse a revista *Science* no começo de tudo isso, em março de 2020: "a pandemia de desinformação quanto ao coronavírus"[140]. Temos de proteger as pessoas "tanto da doença física quanto da 'doença da desinformação'", diziam os especialistas[141]. "Informações falsas prejudicam a reação à Covid" e está "se espalhando com o vírus", disse um professor de comunicação[142]. Praga, vírus, pandemia – você entendeu: ideias também podem ser doenças. A solução, sugeria o professor, era obrigar as redes sociais a "removerem conteúdos" que bem podiam ser legais, mas que eram também prejudiciais no sentido de que podiam adoecer os ingênuos. As mentiras são a doença e a censura é a cura.

Assim, se saíssemos de casa e conversássemos com os vizinhos, podíamos ficar doentes. Mas se entrássemos na Internet e conversássemos com alguém a milhares de quilômetros de distância, também podíamos ficar doentes. Se cedêssemos à nossa "natureza humana" e conversássemos com alguém na rua, podíamos ser infectados pelos germes da outra pessoa. Mas se navegássemos na Internet e entrássemos num *chat* sobre a Covid, podíamos nos infectar com as ideias contaminadas das outras pessoas. A doença física nos aguardava ao ar livre e a doença moral nos aguardava *online*. A Covid-19 era o vírus externo; a desinformação, nas palavras

---

139. Parlamento Britânico, junho 2020.
140. *Science*, 24 de março de 2020.
141. *American Journal of Emergency Medicine*, dezembro de 2020.
142. *Conversation*, 21 de janeiro de 2022.

de um analista, era "o vírus interno"[143]. Liberdade de expressão mata, seja por meio de perdigotos ou de mentiras.

Não é de se admirar que o silêncio tenha sido o sonho dos autoritários da era da Covid. "O silêncio é o lado bom de uma pandemia horrível", escreveu um articulista sobre o primeiro *lockdown* no Reino Unido[144]. "Num mundo cheio de barulho", como é bom se lembrar do "poder do silêncio", escreveu um articulista na *Harvard Business Review* quando a sociedade pareceu estar paralisada[145]. As igrejas ficaram em silêncio e os cantos foram banidos. Cientistas fizeram até "exames de saliva" no coro da Catedral de Salisbury, a fim de avaliar a "segurança da cantoria"[146]. Se tivessem descoberto que a saliva "estava chegando a uma distância insegura, provocando a possível transmissão do vírus", sugeririam que "as celebrações fossem apenas murmuradas". Até mesmo os hinos religiosos matam. Até conversar com Deus pode ser fatal. Funerais eram ainda mais mortais do que o normal e neles os cantos eram "firmemente desencorajados"[147]. A música foi banida das festas de formatura também[148]. Eles queriam que até os restaurantes ficassem em silêncio. Os comensais deveriam "comer em silêncio a fim de evitar a disseminação do vírus", aconselhavam os especialistas[149]. Quanto ao "vírus interno", todas aquelas toxinas morais na Internet, você podia se proteger daquele ruído branco "se deslogando e indo fazer outra coisa qualquer", disse um especialista[150]. Pare de navegar na Internet, de conversar,

---

143. *WebMD*, janeiro de 2022.
144. *Country Living*, 12 de julho de 2020.
145. *Harvard Business Review*, 22 de julho de 2021.
146. *Classic FM*, 29 de junho de 2020.
147. *Daily Telegraph*, 18 março de 2020.
148. *Guardian*, 24 de agosto de 2020.
149. *Daily Telegraph*, 5 de dezembro de 2020.
150. *MIT Press*, 9 de julho de 2020.

de cantar. Fique quieto. Há uma "tática comportamental" que talvez impeça o avanço da marcha da Covid, de acordo com a *Atlantic*: "A tática do silêncio"[151].

Desde o princípio, a Covid-19 se mostrou tanto uma ameaça física quanto uma metáfora. Tanto uma doença real quanto um símbolo. Tanto uma doença grave quanto uma alegoria do que as elites viam como a doença da sociedade. Principalmente a doença do adestramento social irrestrito, da liberdade de expressão e do barulho humano. Essa era a verdadeira "outra pandemia": palavras, ideias, *nós*. O problema não era apenas os corpos estranhos da nova doença respiratória, e sim "a natureza humana" em si, nossa tendência à gentileza, à interação e a falar de qualquer coisa, inclusive da Covid[152]. A doença geralmente está "enredada nas armadilhas da metáfora", escreveu Susan Sontag no clássico *A Doença como Metáfora*[153]. Doenças do século XIX eram vistas como manifestações de um caráter problemático. Na Antiguidade, a doença era considerada "um instrumento da ira divina". "A ideia da doença como um castigo é antiga", escreveu Sontag. O mesmo serve para a Covid. A doença se transformou numa metáfora da natureza supostamente tóxica das sociedades contemporâneas e para, supostamente, a contaminação da vida social. Daí porque o controle social, quanto mais rígido, melhor, foi a solução.

A velocidade com que a Covid foi transformada numa parábola da toxicidade humana foi extraordinária. Algumas das metáforas da Covid ecoam as metáforas para as doenças de antigamente. Testemunhamos a volta da ideia da doença como "instrumento da ira divina", ou melhor, no nosso caso, da ira da

---

151. *Atlantic*, 31 de agosto de 2020.
152. *Blaze*, 20 de julho de 2021.
153. SONTAG, Susan. *A Doença como Metáfora*. Farrar, Straus & Giroux, 1978. Lançado no Brasil sob o título: *Doença como metáfora: Aids e suas metáforas*, pela Companhia das letras em 2007. (N. E.).

natureza. Não foi só o sábio príncipe Harry quem disse que a Covid talvez fosse um sinal de que a Mãe Natureza estava castigando a Humanidade por suas ações destrutivas. "É quase como se a Mãe Natureza tivesse nos mandado para o quarto por mau comportamento, para pensarmos no que fizemos", disse Harry[154]. Não, pessoas sérias também se perguntavam em voz alta se a Covid era mesmo a ira de Gaia pela arrogância humana. "A natureza está nos enviando uma mensagem", disse a diretora do Programa para o Meio Ambiente das Nações Unidas, Inger Andersen, em março de 2020[155]. Por causa da intromissão impensada da Humanidade na natureza, houve "pressão demais nos nossos ecossistemas, de modo que algo teve que ceder", disse ela.

Os ambientalistas se deliciaram com a ideia pré-moderna de Andersen da Covid como uma manifestação da ira. "A natureza está nos mandando um alerta com a pandemia de coronavírus e a crise climática atual", escreveu o editor de meio ambiente do *Guardian*. Estamos "pondo pressão demais no mundo natural, com consequências danosas", disse[156]. A Covid é um "aviso claro da natureza", disse um grupo de ambientalistas[157]. "Por que a Covid é semelhante às mudanças climáticas", declarava uma manchete da revista *Scientific American*. Aparentemente, é semelhante às mudanças climáticas no sentido de que ela "dá lições" para a Humanidade, sendo que uma delas é "encontre formas de energia que não as dependentes dos combustíveis fósseis"[158].

Alguns dos ecoargumentos parecem se deleitar com essa lição dura que a Covid tenta nos ensinar. A doença é "um alerta da natureza para uma civilização complacente", disse George

---

154. *Sky News*, 2 de dezembro de 2020.
155. *Guardian*, 25 de março de 2020.
156. *Idem*.
157. *Amazon Frontlines*, maio de 2020.
158. *Scientific American*, 17 de março de 2020.

Monbiot[159]. Nossa "bolha de falso conforto e negacionismo" está prestes a estourar, afirma ele todo animado. Ele parece celebrar o lembrete violento da Covid de que não estamos tão acima da natureza quanto imaginamos. Em meio a essa doença, "nos percebemos nus e indignos, à medida que a biologia que parecíamos ter abandonado assola nossas vidas", disse ele. Andrew Norton, no Instituto Internacional para o Meio Ambiente e o Desenvolvimento, disse que a praga nos fez entender que "temos de fazer sacrifícios e aceitar as restrições em nome tanto do bem comum quanto do bem-estar pessoal". E talvez isso nos fará abrir os olhos para sacrifícios maiores de que precisaremos para "tratar da crise climática", disse[160]. Sacrifícios para apaziguar as forças da natureza? É uma ideia que nossos ancestrais conheciam muito bem.

A Covid era vista como uma força suprema natural capaz de expor a pequenez da Humanidade. A doença "estraçalhou nossas ilusões de segurança", disse um filósofo da Universidade de Oxford. Ela "nos lembra que, apesar de todo o progresso da ciência e da tecnologia, continuamos vulneráveis a catástrofes que podem mudar totalmente nosso estilo de vida", disse[161]. O filósofo francês Bruno Latour disse que "os germes" humilharam nossa sociedade industrial – eles "paralisaram o sistema econômico em todos os lugares do mundo"[162]. Na *Salon*, o professor e escritor norte-americano Michael T. Klare descreveu a Covid como "um evento que abalou as estruturas do mundo" e supostamente "a maneira que a natureza encontrou de resistir ao ataque da Humanidade aos ecossistemas essenciais". Já é hora de considerar a possibilidade "de que vivamos num planeta que está se vingando de nós"[163].

---

159. *Guardian*, 25 de março de 2020.
160. *Climate Home News*, 12 de março de 2020.
161. *Guardian*, 23 de março de 2021.
162. LATOUR, Bruno. Bruno-latour.fr
163. *Salon*, 6 de abril de 2020.

Como sabia Sontag, as interpretações da doença refletem as preocupações e crises da época em que os surtos ocorrem. Assim, a Praga de Justiniano, no século VI, era vista como castigo divino pelos pecados dos homens e pelos excessos mundanos do próprio Justiniano (482-565). No século XIX, a sífilis era vista por alguns como metáfora para a democracia de massa, então emergente. A doença foi usada para "evocar as profanações de uma era igualitária", diz Sontag[164]. A nossa época é de revolta contra a modernidade, de repulsa pela industrialização, de um esgotamento da fé no projeto de domínio da natureza em nome da transformação econômica e moral do mundo a fim de que ele sirva à Humanidade. Conceitos ideológicos como "pegada humana" e "exaustão de recursos" dialogam com a ideia de que a interferência humana na natureza é algo irresponsável e perigoso. Recentemente, essa objeção política à busca humana pelos recursos naturais e pelo crescimento se transformou numa objeção à Humanidade em si. A crítica pós-1960 a certo tipo de sociedade – a sociedade industrial – se transformou numa crítica à própria presença humana no planeta.

Pense nos termos hipermoralizados que costumam ser usados para se descrever a Humanidade. Os seres humanos são "uma praga na Terra", diz ninguém menos do que o naturalista David Attenborough[165]. O pai do ambientalismo contemporâneo, James Lovelock, certa vez disse que "a espécie humana é hoje tão numerosa que representa uma doença grave para o planeta"[166]. Essa visão contaminou o pensamento ambientalista tradicional, sobretudo aqueles que temem a "superpopulação". Muito antes do surgimento

---

164. SONTAG. *A Doença Como Metáfora. Op. cit.*
165. *Daily Telegraph*, 22 de janeiro de 2013.
166. LOVELOCK, James. *Healing Gaia: Practical Medicine for the Planet*. Random House, 1991.

da Covid-19, discutia-se o potencial que uma doença contagiosa teria de curar a doença da Humanidade. Até mesmo instituições racionais e queridas como a *New Scientist* se perguntavam se "uma praga mortal" não poderia surgir para "salvar o planeta" das pessoas. "A Terra está ficando cheia demais. Mais de sete bilhões de pessoas estão usando o planeta e esse número só aumenta", lia-se num artigo da *New Scientist* em 2014: "O que será preciso para desarmarmos essa bomba-relógio?"[167]

Era inevitável que numa época como esta, de auto-ódio, uma pandemia como a da Covid fosse vista como uma manifestação da raiva da natureza contra a Humanidade, ou ao menos como prova dos períodos da modernidade. Como disse um professor de antropoecologia, a ideia da Covid "como a vingança da natureza contra a Humanidade" apela à crença hoje disseminada de que vivemos "uma tragédia épica na qual a arrogância tecnológica de uma Humanidade prometeica desestabilizou e provocou uma Terra vingativa"[168]. O que estamos vendo é a secularização da ideia da ira divina. Hoje, as pragas não são feitos de Deus, e sim da Mãe Natureza; e não estamos sendo repreendidos por nossos pecados e blasfêmias, e sim por nossa poluição. "Metáforas de doenças são usadas para julgar a sociedade", escreveu Sontag. E a nossa sociedade foi severamente condenada pela Covid – considerada culpada pela arrogância de nos imaginarmos dominando a natureza.

Assim como a Covid serviu para condenar o desenvolvimento econômico humano, ela também serviu para condenar nossa evolução política. A praga foi vista não só como uma doença da indústria globalizada, mas também como uma doença da democracia. Nesse sentido ela ecoou as metáforas para a sífilis. A DST era vista "não só como uma doença horrível, mas também como

---

167. *New Scientist*, 29 de outubro de 2014.
168. *Sustainability*, 29 de abril de 2021.

indigna e vulgar", diz Sontag. Baudelaire não hesitou em associar a sífilis à democracia. "Todos temos o espírito republicano nas veias e a sífilis nos ossos – somos democratizados e *veneralizados*", disse[169]. "A sífilis era a metáfora preferida para tudo o que era considerado indesejável", escreve o teórico da cultura Michael Kane, e era usada sobretudo como metáfora para "a democracia feita por antidemocratas"[170]. A Covid passou pelo mesmo processo de metaforização. Para muitos intelectuais, era uma doença agravada pelos excessos da democracia, sobretudo pelo fenômeno político que eles mais temem, o populismo.

O populismo é o terror das elites. Na era do Brexit, de Trump e de outras ameaças populares ao sistema político, o *ancien régime* formado por globalistas e tecnocratas passou a ver o populismo como a maior ameaça do nosso tempo. E a pandemia, para eles, era uma manifestação contagiosa e mortal dessa ameaça. Antes mesmo do surgimento da Covid-19, alguns já mencionavam o populismo como uma "doença". Em 2017, John Keane, professor de política na Universidade de Sydney, escreveu sobre as "patologias do populismo"[171]. O populismo é "uma doença da democracia", disse ele. É a "reação pervertida que inflama e danifica as células, tecidos e órgãos das instituições democráticas". Gianni Pittella, ex-vice-presidente do Parlamento Europeu, falou sobre o "vírus do populismo" em 2016, ano do Brexit e de Trump. O vírus é uma ameaça "à democracia, paz e estabilidade", disse ele[172]. A pandemia intensificou essa ideia intolerante do populismo como um corpo estranho nas veias da democracia liberal.

---

169. SONTAG, Susan. *A Doença como Metáfora. Op. cit.*
170. KANE, Michael. *Modern Men: Mapping Masculinity in English and German Literature, 1880-1930*. Continuum, 1999.
171. *Conversation*, 29 de setembro de 2017.
172. *Parliament Magazine*, 4 de agosto de 2016.

O *Guardian* publicou um editorial sobre "o populismo pandêmico"[173]. *Populists and the Pandemic* [*Populistas e a pandemia*], livro acadêmico publicado em 2022, argumentava que as medidas populistas de "polarização, criação de bodes expiatórios e desprezo pelo conhecimento especializado" agravaram a doença ao darem origem a uma "paralisia institucional"[174]. "O populismo se provou letal nesta pandemia", escreveu um articulista do Council on Foreign Relations. Ele argumentava que "nós que nos horrorizamos com o aumento do populismo na última década" infelizmente testemunhamos "a concretização de nossos maiores temores" – isto é, "que para o bem-estar do povo não interessa se os políticos se importam com os cidadãos, acreditam na ciência ou se eles agem contidos pelos pesos e contrapesos"[175]. *A concretização de nossos maiores temores.* Isso não era apenas a doença como metáfora, mas também ventriloquismo. A Covid era a prova inegável do pecado do populismo. Por acaso, todas as críticas das elites liberais ao populismo AC (antes da Covid) se revelaram verdadeiras pela própria Covid.

Na verdade, não há uma correlação clara entre o populismo e a "permissividade em relação à Covid". Como argumenta Brett Meyer, do Tony Blair Institute for Global Change, em sua análise da reação populista à pandemia, "a maioria dos populistas levou a Covid a sério". Longe de desprezarem a ciência e estimularem os cidadãos a viverem normalmente, muitos líderes populistas, incluindo o da Índia e Hungria, puseram em prática "medidas de força" e deram às autoridades "poderes emergenciais excessivos"[176]. Esses países tiveram altos níveis de infecção e morte por Covid, sim, mas as nações não populistas também. A Bélgica, por exemplo,

---

173. *Guardian*, 29 de setembro de 2020.
174. RINGE, Nils; RENNO, Lucio (eds.). *Populists and the Pandemic: How Populists Around the World Responded to COVID-19*. Routledge, 2022.
175. Council on Foreign Relations, 26 de abril de 2021.
176. *LSE*, 23 de agosto de 2021.

durante um tempo teve a pior taxa de mortalidade por Covid no mundo[177]. Insistindo em dizer que as nações lideradas por populistas se deram pior na pandemia por causa de suas "blasfêmias" contra o conhecimento dos especialistas, o Council on Foreign Relations cita o exemplo da Índia governada por Modi[178]. Mas parece não ter passado pela cabeça das elites temerosas do populismo que a pobreza, as intermináveis ondas de migração interna e a infraestrutura inadequada da Índia podem ter sido mais relevantes para a forma como país enfrentou a doença do que o fato de um nacionalista hindu estar no poder.

O mais impressionante era a esperança fervorosa que alguns depositavam nas elites administrativas, esperança de que a Covid tenha chegado para corrigir, para *curar*, a doença do populismo. A Covid foi antropomorfizada como um ser capaz de repreender as ilusões populistas. Dizia-se que a doença era uma lição de moral para os políticos, da mesma forma que representava a ira da natureza contra o capitalismo. Escrevendo para a *Atlantic*, Kurt Campbell e Thomas Wright expressaram sua esperança de que o contágio letal da Covid expusesse "os limites do populismo". Esperamos, escreveram eles, que a doença ensine ao mundo o seguinte: "O conhecimento é importante. As instituições são importantes. Existe uma coisa chamada comunidade global. Uma reação esclarecida, ainda que impopular, é importante"[179]. Aqui a Covid era convocada para fazer o trabalho sujo dos tecnocratas que estavam sendo derrotados nas urnas. As autoridades estabelecidas podem ter sido vencidas pelo populismo na disputa democrática, mas agora o trabalho político delas seria realizado pelos *germes*. Assim como os sacerdotes de antigamente esperavam que as pragas legitimassem

---

177. *Foreign Policy*, 26 de novembro de 2020.
178. Council on Foreign Relations, 26 de abril de 2021.
179. *Atlantic*, 4 de março de 2020.

moralmente a mensagem moral deles – se comportando como "a linguagem do descontentamento divino", nas palavras de Priscilla Wald – os intelectuais secularistas de hoje rezam para que a praga reforce seus pedidos de retorno à "normalidade democrática"[180].

"*O conhecimento é importante*". Essa frase no artigo da *Atlantic* que pede para a Covid ajudar a exterminar o populismo realmente chama a atenção. Aqui podemos ver a ira supostamente verdadeira e justa da Covid – a raiva dela contra as pessoas que se revoltaram contra os especialistas; a manifestação de um incômodo semidivino em relação ao pecado do "anti-intelectualismo". Antes os surtos de doenças eram vistos como vingança pelo fato de as pessoas se voltarem contra Deus e o mundo por Ele criado – o vírus do século XXI era visto como uma punição contra aqueles que se voltaram contra os Especialistas e seus Conselhos. Como dizia um estudo acadêmico, "cidadãos com níveis altos de anti-intelectualismo" tendiam a "aderir menos ao distanciamento social e ao uso de máscaras"[181]. Assim, estavam mais suscetíveis ao sofrimento e seus sintomas eram praticamente um castigo por suas blasfêmias contra o conhecimento dos especialistas. Esperava-se fervorosamente que os horrores da Covid pudessem ajudar a restaurar o poder pré-populista dos especialistas. "Os especialistas estão na moda de novo", disse um articulista do *Guardian* no começo da pandemia. A era da Covid podia pôr fim "ao triunfo do Brexit representado pela vitória do preconceito e da romantização sobre os fatos e os números", escreveu ele[182]. O Imperial College de Londres, cujos especialistas ajudaram o governo a elaborar modelos matemáticos para a pandemia, cravou em março de 2020: "Com a chegada

---

180. WALD, Priscilla. *Contagious: Cultures, Carriers, and the Outbreak Narrative*. Duke University Press, 2008.
181. *Nature Human Behaviour*, 28 de abril de 2021.
182. *Guardian*, 15 de março de 2020.

da pandemia mundial, os especialistas estão de volta – e com sede de vingança!"[183].

Sede de vingança! Que bela escolha de expressão. Isso significa castigar quem errou. O que faz sentido, levando em conta que muitas autoridades realmente veem o populismo como uma ofensa à razão e ao bom senso, e por isso algo merecedor de castigos severos. E se para isso é necessária "a chegada de uma pandemia mundial", que seja. Aí é que está: poucos discordam que o conhecimento dos especialistas é importante numa pandemia. O conhecimento médico e científico era fundamental para desmistificar a Covid-19 e criar intervenções sanitárias, sobretudo as vacinas, que diminuíram drasticamente o efeito da Covid no corpo humano. O problema é que a torcida das elites pela "reabilitação dos especialistas" gerada pela Covid não foi uma celebração do conhecimento científico e seu emprego contra o vírus[184]. Não, foi uma manifestação de um esforço mais amplo de restabelecer a *autoridade política* dos novos reis filósofos – os especialistas – sobre o público mal-informado.

Isso fica claro se pensarmos que não foram apenas aqueles que questionavam a realidade patológica da Covid – os chamados negacionistas da Covid – os que acabaram acusados do pecado do anti-intelectualismo. Os que questionaram a reação *social* da Covid, sobretudo os *lockdowns*, também. Esses eram os chamados "negacionistas do *lockdown*". O questionamento deles em relação às políticas governamentais era considerado uma afronta tão grave aos especialistas como as reclamações dos que diziam que a Covid não era real, que tudo não passava de uma "fraudemia". Ao reunir a crítica social ao *lockdown* e a negação irracional da realidade física da doença, a imprensa procurou deslegitimar a dissidência e apresentar até mesmo a dúvida democrática quanto às medidas

---

183. Imperial College Business School, 25 de março de 2020.
184. University of Edinburgh, 22 de abril de 2020.

como "anti-intelectualismo". O autodeclarado retorno vingativo dos especialistas tinha a ver mais com a reafirmação dos dogmas da tecnocracia do que em recuperar o respeito pela batalha médica contra a Covid.

Os que discordavam do *lockdown* foram extremamente demonizados. Um articulista do *New Statesman* chegou a imaginá-los como demônios. "Assim como o inferno de Dante, o negacionismo da Covid é estruturado em círculos concêntricos", escreveu. No primeiro círculo, estavam os populistas que são "influenciados pelo negacionismo e pelo ceticismo quanto aos *lockdowns*". Nos círculos inferiores, estão "os ignorantes, aqueles que mencionam coisas como 'efeitos colaterais' dos *lockdowns*"[185]. Assim, até mesmo quem sugerisse o argumento perfeitamente racional de que a paralisação total da vida democrática, educacional e econômica tem consequências indesejáveis para o bem-estar espiritual e o padrão de vida das pessoas era tratado como uma fraude monstruosa destinada ao inferno.

Os críticos do *lockdown* eram considerados uma ameaça à saúde pública. Eles representavam "uma tendência ameaçadora", de acordo com um editorial do *Guardian*[186]. A Declaração de Great Barrington, que pedia a "proteção específica" dos vulneráveis no lugar dos *lockdowns* amplos e irrestritos, foi tratada como um documento pecaminoso. Ela [a declaração] é "perigosa, não científica e uma bobagem do começo ao fim", escreveu o *New York Times*[187]. O *British Medical Journal* chamou os autores da declaração de "mercadores da dúvida", como se a dúvida fosse algo ruim, como se a dúvida não fosse o ponto de partida do pensamento livre e crítico[188]. "Se você busca a verdade, é necessário que ao

---

185. *New Statesman*, 6 de janeiro de 2021.
186. *Guardian*, 4 de novembro de 2020.
187. *New York Times*, 19 de outubro de 2020.
188. *British Medical Journal*, 13 de setembro de 2021.

menos uma vez na vida você duvide ao máximo de todas as coisas", dizia Descartes (1596-1650). Não duvidar é um pecado. Mas o *BMJ ofendia* aqueles que "semeavam a dúvida" quanto aos *lockdowns*, dizendo que precisávamos "proteger" o povo desse tipo de pensamento irresponsável. Em resumo, precisamos proteger as pessoas daquela outra pandemia – a pandemia de discordância, a pandemia dos crimes de opinião. Em algumas áreas da política, havia uma ânsia por demonizar os "semeadores da dúvida". Dominic Cummings, conselheiro-chefe do então primeiro-ministro Boris Johnson, pedia que as autoridades agissem "com muito mais agressividade" contra "essas pessoas que andam por aí dizendo que os *lockdowns* não funcionam e que tudo é uma grande bobagem!"[189].

Desde o começo da pandemia, o próprio debate público foi tratado como uma ameaça em potencial, como uma praga. O excesso de zelo das autoridades quanto às nossas conversas com os vizinhos talvez fosse influenciado pelo temor de que as partículas pestilentas passassem de uma boca a outra. Mas o medo dessas autoridades quanto ao que estava sendo dito virtualmente, no mundo sem partículas do debate público, indicava uma preocupação maior com a liberdade de expressão. Isso também é uma doença. É como um vírus que requer intervenção. Daí todo aquele papo de "pandemia de desinformação". O Fórum Econômico Mundial chamava isso de "poluição informativa", na qual "conteúdos falsos e narrativas polarizadas" estavam "distorcendo o discurso das autoridades de saúde e impedindo a implementação de iniciativas de saúde pública"[190].

Poluição – é assim que as novas elites veem a livre circulação de ideias que elas desaprovam. E não há nada de original nisso. Como diz Sontag, as pragas de antigamente também eram

---

189. FARRAR, Jeremy; AHUJA, Anjana. *Spike: The Virus vs The People – the Inside Story*. Profile Books, 2022.
190. World Economic Forum, 24 de março de 2022.

acompanhadas pela ideia de "poluição". "A experiência medieval da praga estava relacionada à ideia de poluição moral", escreve ela. Os doentes eram considerados moralmente corruptos, além de fisicamente enfermos. O mesmo aconteceu aos seguidores do falso ídolo do anti-intelectualismo durante a pandemia de Covid. No livro *Contagious: cultures, carriers and the outbreak narrative* [*Contagioso: culturas, vetores e narrativa pandêmica*], Priscilla Wald explora como a palavra "contágio", na Idade Média assolada pela praga, se referia não apenas à disseminação da doença, mas também à "circulação de ideias e comportamentos". "A tolice e a imoralidade eram consideradas mais contagiosas do que a sabedoria e a virtude", escreve ela. "Crenças e práticas heréticas" também eram consideradas contagiosas. E o mesmo acontece hoje em dia. As autoridades chamam suas ideias quanto às políticas sociais necessárias para a contenção de um vírus como o da Covid de "conhecimento especializado" – qualquer questionamento quanto a isso é visto como uma forma de "poluição moral", uma "doença da desinformação", uma pandemia de mentiras, uma "praga" que assola o pensamento politicamente correto[191]. A heresia continua sendo a pior doença aos olhos daqueles que nos governam.

Em essência, a Covid foi uma metáfora para os supostos perigos da liberdade humana. Esse preconceito iliberal que trata as interações humanas como algo tóxico é anterior ao surgimento da Covid. Há tempos, para se falar das relações e do discurso humanos, usa-se a *língua franca* da doença. Os relacionamentos são tóxicos, a masculinidade é tóxica, a família é tóxica[192]. Ideias e mentiras são virais. Falamos em contágio social, em contágio emocional, em contágio mental, em contágio financeiro. A partir da década de 1990,

---

191. *British Medical Journal*, 24 novembro de 2020.
192. FORWARD, Susan. *Toxic Parents; Overcoming Their Hurtful Legacy and Reclaiming Your Life*. Bantam, 2002.

diz Peta Mitchell no livro *Contagious metaphor* [*Metáfora contagiosa*], a "linguagem extramédica do contágio prosperou no debate público contemporâneo". Tudo faz referência a uma visão nova e autoritária da cidadania, na qual não somos mais vistos como adultos livres e capazes, indivíduos que podem pensar e se comportar como bem entender, desde que não se prejudique ninguém, mas sim como criaturas tóxicas cujos pensamentos e comportamentos devem ser controlados a fim de proteger os outros do contágio de nossas crenças reprováveis e da poluição do nosso comportamento cotidiano. É preciso reformar: os seres humanos são vistos como uma doença contagiosa muito antes da chegada da Covid-19.

Eis aqui algo fundamental de se lembrar sobre os *lockdowns*. Eles representaram não apenas um esforço dos governos para controlarem a disseminação da doença, mas sim a implementação total da ideia, anterior à Covid, da Humanidade como uma toxina a ser submetida a uma quarentena. Na verdade, até mesmo a ideia da quarentena como uma proteção contra a poluição moral dos outros é anterior à Covid. Vivemos na era dos espaços seguros, da busca por refúgio das palavras e pessoas ofensivas em espaços isentos de perigos intelectuais e espirituais. No livro *Shopping our way to safety* [*Comprando nossa segurança*], Andrew Szasz cunhou o termo "quarentena invertida" para descrever a tendência contemporânea de se retirar de ambientes no qual se percebe ameaças ambientais e humanas. A hiperatomização da nossa era fomentou a ideia de que as pessoas são venenosas, de que as opiniões são perigosas e de que o discurso livre é um vírus. O *lockdown* foi a vitória política dessa versão moderna do anti-humanismo e uma derrota da crença de que o individualismo e a noção de solidariedade são sempre melhores, sobretudo em tempos de crise, do que o medo e o recolhimento social.

O *lockdown* consolidou a ideia do indivíduo como uma criatura pestilenta, uma praga que assola não apenas o planeta, mas também as outras pessoas. E conseguiu isso, em parte, por meio da quarentena imposta a formas alternativas de pensar – sobretudo a crença de que uma abordagem mais humanista e socialmente unida quanto à Covid seria melhor do que o isolamento forçado a que fomos submetidos. Essa visão liberal hoje é entendida como aquelas ideias que, na Idade Média, eram vistas como "heresias" capazes de agravar as pragas. Nosso papel nestes tempos de cidadania restrita não é pensar apenas em nós mesmos e muito menos pensar hereticamente, e sim compreender a ideologia e as ordens dos especialistas sedentos de vingança.

Mas um bom herege jamais faz isso. Ele nunca recebe ordens sem questioná-las. E jamais concorda em deixar de pensar por si com a justificativa de que o pensamento e comportamento certos já foram estabelecidos. John Milton (1608-1674), na *Areopagitica*, dizia que o maior problema da censura era "atrofiar e amputar nossas capacidades". Só nos tornamos humanos quando somos livres para pensar por nós mesmos, dizia ele. "Nossa fé e conhecimento prospera com a prática, bem como nosso corpo". Policiar e restringir o debate público é frustrar a própria busca pela verdade, de acordo com Milton, "prejudicando o conhecimento que pode ser adquirido por meio tanto da sabedoria religiosa quanto da cívica"[193].

A verdade não é algo que nos é dado pelas autoridades – é algo que buscamos descobrir por nós mesmos, graças à liberdade de pensamento, de debate e de troca de ideias com nossos semelhantes. Resistir e confrontar a ideia de que a Humanidade é uma força tóxica é o primeiro passo para se restaurar a liberdade e a confiança de que precisamos se pretendemos enfrentar os males da natureza.

---

193. MILTON, John. *Areopagitica and Other Writings*. Penguin Classics, 2014.

CAPÍTULO 4

ISLAMOCENSURA

O que vamos fazer quanto ao aumento da hijabofobia no Irã? Hijabofobia é a "rejeição ao hijab"[194], de acordo com o *Oxford Handbook of European Islam*[195]. É "um discurso preconceituoso e marcado pela islamofobia", diz uma professora de estudos de gênero[196]. É uma forma de "hostilidade ao hijab", disse uma articulista do *Huffington Post* em 2017[197]. Bom, o fato é que houve bastante disso nas ruas do Irã no fim de 2022. Houve uma orgia de hijabofobia. Dançando, as mulheres tiravam os véus e os prendiam na ponta de cabos, fazendo deles bandeiras e os jogando em fogueiras. Enquanto isso, pessoas de ambos os sexos gritavam. Eu chamaria isso de hostilidade ao hijab.

A hijabofobia estava por todas as partes no Irã de 2022. Ela começou com a morte de Mahsa Amini, uma mulher de 22 anos que vivia em Saqqez, no Curdistão iraniano. A polícia da moralidade iraniana, que tem como função garantir que as mulheres usem o véu, prendeu Amini em Teerã no dia 13 de setembro de 2022. O crime dela foi não usar o véu de acordo com os padrões governamentais. Ao irmão dela disseram que Amini estava sendo

---

194. Véu comumente usado por mulheres muçulmanas. (N. T.)
195. CESARI, Jocelyne (ed.). *The Oxford Handbook of European Islam*. Oxford University Press, 2014.
196. HAMZEH, Manal. *Pedagogies of Deveiling: Muslim Girls and the Hijab Discourse*. Information Age Publishing, 2012.
197. *Huffington Post*, 15 de março de 2017.

levada para "ter uma aula rápida" na delegacia – isto é, um curso de reeducação religiosa para que ela se lembrasse da importância de se cobrir. Porém, duas horas mais tarde, ela foi levada a um hospital. Amini entrou em coma e morreu no dia 16 de setembro. A polícia diz que ela morreu de causas naturais. A família, porém, suspeita que ela morreu depois de sofrer torturas. O país todo se enfureceu com o caso. Durante semanas, jovens iranianos se manifestaram e entraram em confronto com policiais e deixaram claro que se opõem à teocracia islâmica. Sobretudo à imposição da obrigatoriedade do uso do véu por todas as mulheres.

Hijabofobia? Pode ser. Aparentemente, essa forma de "islamofobia misógina" se manifesta por meio da visão do hijab como um "símbolo de opressão […] um símbolo de discriminação"[198]. O Conselho Muçulmano do Reino Unido tem criticado veículos de imprensa que associam o uso do véu à "opressão e subserviência"[199]. Bom, o fato é que as mulheres iranianas certamente associam o véu à opressão. Para elas, o hijab é sem dúvida "um símbolo de submissão", como diz uma acadêmica nascida em Teerã[200]. Os cartazes erguidos pelos manifestantes iranianos não deixam dúvida de que o véu é um instrumento de submissão. "Meus cabelos, minhas regras", diziam eles. "Você sabe que deixar seus cabelos ao vento é crime no Irã?", perguntava outro. Essas pessoas são preconceituosas?

Também é de se questionar o que aconteceria a essas mulheres que combatem a teocracia se elas visitassem o Ocidente. O Reino Unido, por exemplo. Será que elas seriam perseguidas aqui também, acusadas de islamofobia? Pois é isso o que está acontecendo a uma mulher: a exilada iraniana e crítica do patriarcado islâmico Maryam

---

198. KHIR-ALLAH, Ghufran. *Framing Hijab in the European Mind*. Springer, 2021.
199. *BBC News*, 9 de julho de 2019.
200. *Conversation*, 5 de outubro de 2022.

Namazie. Morando hoje no Reino Unido, ela é costumeiramente chamada de islamofóbica. Em 2015, Namazie foi impedida de falar na Warwick University, sob a justificativa de que as denúncias que ela fazia da opressão da Sharia eram "inflamatórias e podiam gerar ódio"[201] (mais tarde ela teve permissão para falar). Um colunista do jornal progressista *Guardian* defendeu os estudantes que "preferiam não dar palco para a retórica de Namazie". "Reconhecendo a pressão a que estão submetidos os muçulmanos britânicos […] será que os alunos que sentiam que receber uma pessoa crente que o Islã é incompatível com a vida moderna estão mesmo errados?", perguntava ele[202]. Aparentemente as críticas veementes ao Islã ofendem algumas pessoas. Dessa forma, a blasfêmia deve ser silenciada. Calem as mulheres iranianas!

Alguns meses mais tarde, durante uma palestra sobre a imoralidade da teocracia na Goldsmiths University, em Londres, Namazie foi atacada por membros da Sociedade Islâmica da instituição. Ela conta que eles "batiam nas portas, se jogavam no chão, me provocavam, mexiam nos celulares, gritavam e criavam um clima de intimidação a fim de me impedir de falar"[203]. A multidão havia sido insuflada pelo presidente da Sociedade Islâmica, que divulgou uma nota na qual dizia que Namazie "era conhecia por sua islamofobia". Será que o mesmo aconteceria às mulheres iranianas que foram às ruas em 2022 se elas decidissem ir ao Reino Unido para espalhar sua mensagem antiteocracia? Será que elas seriam perseguidas se entrassem numa universidade, com jovens muçulmanos nascidos no Reino Unido fazendo o papel da Guarda Revolucionária iraniana? Será que o *Guardian* defenderia a censura

---

201. *Guardian*, 26 de setembro de 2015.
202. *Guardian*, 1 de outubro de 2015.
203. National Secular Society, 3 de dezembro de 2015.

a elas dizendo que os muçulmanos britânicos não precisam ouvir mais críticas à sua religião?

E qual seria a reação se uma dessas mulheres aparecesse na televisão daqui exigindo o fim da obrigatoriedade do uso do véu em sua terra natal? Em 2018, no começo da revolta contra a lei que obriga o uso do véu no Irã, a *BBC* entrevistou uma das manifestantes. "Quando uso o véu, é como se tirassem algo de mim e eu me sinto oprimida. Quando não uso, me sinto livre", disse ela[204]. Aparentemente, isso era mais hijabofobia. Em 2018, em seu relatório sobre a cobertura da imprensa relacionada a assuntos islâmicos, o Conselho Muçulmano do Reino Unido citou a entrevista da *BBC* como exemplo da islamofobia que assola a imprensa britânica. A entrevista foi "um típico exemplo da escolha por não se ouvir os dois lados", disse o Conselho. A *BBC* nos deu "a opinião subjetiva da experiência de uma mulher usando o véu sem ouvir uma opinião contrária", reclamou o CMRU. E por consequência a reportagem deu aos espectadores uma impressão islamofóbica – a de que "o uso obrigatório do véu é opressivo"[205]. E não se pode deixar que isso aconteça. Não podemos espalhar a ideia hijabofóbica de que o véu é um acessório problemático.

No Irã, os castigos por se criticar o Islã e o regime são severos. O Código Penal Islâmico da República do Irã cita crimes como "insultar os valores religiosos sagrados". Insultar o Islã ou "qualquer um dos Grandes Profetas" pode render uma pena de morte ou prisão de até cinco anos. Insultar o aiatolá é crime passível de prisão de seis a dois anos. às vezes, as 74 chibatadas são substituídas pela prisão. No Reino Unido, as penas por se criticar o Islã não são tão severas assim. Mas elas existem. Aqui você se

---

204. *BBC 100 Women*, 7 de dezembro de 2018.
205. *State of Media Reporting on Islam and Muslims*. Centre for Media Monitoring, Conselho Muçulmano do Reino Unido, outubro-dezembro de 2018.

verá acusado não de blasfêmia, e sim de islamofobia. Aqui você não estará sujeito a chibatadas nas costas, e sim a rótulos como "racista" ou "preconceituoso". Aqui você não será preso, mas pode ser ostracizado da sociedade e incluído numa lista negra nas universidades por causa de suas ideias profanas. É bem possível que as mulheres hoje censuradas no Irã e chamadas de blasfemas por lutarem contra a lei que obriga o uso do véu sejam censuradas e acusadas de islamofobia no Reino Unido se contarem aqui os crimes da teocracia.

E aqui está o mais impressionante: é bem difícil falar algo de positivo sobre a revolta iraniana de 2022 sem cometer ao menos um dos crimes de islamofobia. Em 1997, o centro de estudos Runnymede Trust criou uma definição de islamofobia que continua sendo usada no debate público britânico. Ele mencionava todas as opiniões "fechadas" e, portanto, problemáticas sobre o Islã, e todo o "medo preconceituoso" que as pessoas sentem e expressam em relação à religião. Entre as opiniões "fechadas" estão a crença de que o Islã é "inferior ao Ocidente" e que a religião é "irracional" e "sexista". Então é islamofobia dizer que o governo do Irã, que é bem islâmico, é inferior ao nosso? E dizer que a forma como o governo trata a população feminina é sexista? A opinião melhor e mais "aberta" sobre o Islã, de acordo com o Runnymede, é a de que a religião é "diferente, mas não deficiente, e igualmente digna de respeito"[206]. Assim, as ideias religiosas que predominam no Irã não são atrasadas – são apenas uma forma alternativa, mas igualmente válida, de organizar a sociedade.

Quanto à prima da islamofobia, a hijabofobia, uma escritora a define como "uma daquelas representações orientalistas" que arrogantemente descrevem as muçulmanas como "vítimas de uma

---

206. *Islamophobia: A Challenge For us All*. Runnymede Trust, 1997.

sociedade misógina"[207]. Quer dizer que não podemos falar que as iranianas estão sendo vítimas de opressão? Ou que o sistema que as oprime – o sistema *islâmico* – é "misógino"? Isso seria "orientalismo"? Cada vez mais, a islamofobia parece ter se tornado um eufemismo para o relativismo moral. Somos convencidos, por meio da ameaça de sermos chamados de islamofóbicos e, dessa forma, considerados inadequados para a vida pública, a esconder quaisquer opiniões morais que possamos ter sobre o Islã e o governo islâmico. O mantra de que o Islã é "diferente", mas não "deficiente", não passa de uma insistência para que jamais questionemos qualquer aspecto da religião e para que jamais pensemos sobre os problemas morais e ideológicos que o Islã, como *todas* as religiões, com certeza tem.

O fato de ser difícil falar bem da revolta iraniana de 2022 sem parecer islamofóbico é prova de quão pérfida é a censura contemporânea. A censura existe para restringir certas ideias, para reduzir o que pode ser pensado sobre certos assuntos. E uma das consequências da cruzada da nossa sociedade contra a islamofobia é o fato de que tudo o que se diz sobre o Islã está mais hesitante e mais editado. Ninguém quer falar algo que seja considerado ilegal ou cometer uma blasfêmia ou dar voz a um pensamento que possa ser enquadrado numa das definições de islamofobia. E o que podemos dizer sobre o Irã, sobre sua opressão irracional, sexista e moralmente deficiente das mulheres sem que, de alguma forma, mesmo que acidentalmente, violemos esse novo código moral que proíbe de se falar nos problemas do Islã?

Essa, sem dúvida, é uma das razões para a reação comedida à revolta iraniana nos círculos progressistas e radicais do Ocidente. Como disse Joanna Williams, enquanto a morte de George Floyd nas mãos da polícia de Minneapolis, em 2020, originou uma onda de protestos nos Estados Unidos e Europa, bem como intermináveis

---

[207]. *Social Identities: Journal for the Study of Race, Nation and Culture*, junho de 2011.

demonstrações de solidariedade para com os afro-americanos nas redes sociais, não se viu a mesma raiva pelo fato de as forças de segurança iranianas terem matado *centenas* de pessoas que exigiam igualdade e liberdade. "Uma mulher inocente e desarmada morreu nas mãos da polícia", escreveu Williams sobre Mahsa Amini. "Ainda assim, o silêncio das grandes corporações, dos jogadores de futebol e das estrelas de Hollywood é ensurdecedor"[208]. Ninguém se ajoelhou nem postou quadrados pretos no *Instagram*. Nenhuma grande empresa divulgou uma nota de repúdio. Aqui e ali as celebridades fizeram algum comentário ou demonstraram alguma preocupação nas redes sociais. Mas, em geral, a reação foi calada por outros assuntos, como o meio ambiente ou o direito dos trans.

Esse é um caso claro de policiamento da linguagem que leva à insegurança intelectual e à fragilização do debate público. Os jovens, depois de anos orientados sobre o pecado da islamofobia e sobre a importância de jamais pensar mal do Islã, não terão palavras para expressar o que sentem sobre a revolta iraniana de 2022. Essa é uma geração criada com o Mês da Consciência Contra a Islamofobia, uma iniciativa britânica que ensina que é errado criticar "expressões da muçulmanidade", incluindo o uso obrigatório do véu[209]. Com aulas dedicadas a "exterminar a islamofobia"[210]. Com a ideia de que o véu pode ser "feminista e empoderador"[211], tanto que o movimento feminino anti-Trump marchou nos Estados Unidos usando hijabs como um de seus principais símbolos[212]. E com a crença de que não se deve *jamais* criticar o véu. Fazer isso é preconceito e um sinal de como você tem a "mente fechada", de como lhe falta elevação moral. Lembra quando o Ofsted, o

---

208. *Spiked*, 21 de setembro de 2022.
209. islamophobia-awareness.org.
210. Children's Commissioner for Wales, 2018.
211. *Guardian*, 28 de maio de 2012.
212. *Interdisciplinary Perspectives on Equality and Diversity*, 2017.

departamento do governo que inspeciona as escolas inglesas, foi considerado "institucionalmente racista" por recomendar que os inspetores deveriam se preocupar ao verem crianças de quatro ou cinco anos usando o hijab?[213] (a maioria das escolas islâmicas só exige que as meninas usem o véu depois da puberdade). Toda uma nova geração vai crescer aprendendo que a crítica ao Islã é uma espécie de preconceito, e isso a deixará apalermada, sem palavras, em relação a uma revolta pela liberdade no Irã.

A islamofobia é na verdade uma forma secularizada de blasfêmia. Estamos diante da restauração das leis contra o sacrilégio, só que agora justificada pela linguagem burocrática da proteção às minorias, e não pela linguagem religiosa que protegia Deus de ofensas. O essencial em todas as muitas definições de islamofobia é que elas não apenas condenam comentários racistas sobre os muçulmanos – algo que todos concordamos que não tem mais lugar na sociedade. Não, elas também proíbem, ou pretendem proibir, as análises morais quanto ao *Islã*. Esse é o aspecto mais maquiavélico da islamofobia – ela aparece disfarçada de antirracismo, apelando cinicamente para a rejeição pública do ódio racial, mas seu objetivo principal é calar a crítica a uma religião.

Isso fica claro na influente definição de islamofobia do Runnymede Trust, criada em 1997. Eles definem a islamofobia como uma forma de racismo semelhante ao antissemitismo. Mas o relatório *Islamophobia: a challenge for us all* [*Islamofobia: um desafio para todos*], que acompanha a nova definição, deixa claro que a crítica ao Islã em si também pode ser preconceito. "O termo islamofobia se refere a *hostilidades infundadas em relação ao Islã*" (grifos meus), de acordo com o relatório[214]. Aí está. Runnymede evoca a ideia de que certas críticas ao Islã ultrapassam determinado limite e deixam de

---

213. *Guardian*, 28 de novembro de 2017.
214. *Islamophobia: A Challenge For us All*, op. cit.

ser uma análise legítima para se transformar em preconceito racial. O problema, diz o relatório, são as "opiniões fechadas" quanto ao Islã. "A rejeição ao Islã é a característica marcante das opiniões fechadas", lê-se. Mas essas opiniões "fechadas" incluem análises do Islã que muitas pessoas, incluindo muçulmanos e principalmente ex-muçulmanos, considerariam totalmente legítimas.

Uma dessas "opiniões fechadas" é a crença de que o Islã é "estático e monolítico" e "intolerante ao pluralismo interno". É racismo pensar no Islã como uma religião intolerante? Outra "opinião fechada" é a de que alguns muçulmanos "usam a religião para obterem vantagem estratégica, política e militar". O relatório menciona um artigo publicado no *Observer* que usava a expressão "fundamentalismo islâmico", e que dizia que o Islã é visto "pelos aiatolás e seus admiradores, como um instrumento, semelhante a uma arma, para controlar o Estado". Essa é uma "opinião fechada", de acordo com o Runnymede, e uma prova da "rejeição preconceituosa", porque significa que os muçulmanos têm "uma visão instrumentalizada ou manipuladora de sua religião". Ainda assim, muitas pessoas considerariam isso uma análise política perfeitamente aceitável. Por qualquer medida moral, não é racismo acusar os aiatolás do Irã de usarem a religião para governarem pela força.

O relatório Runnymede ia além, repreendendo o uso de certas palavras para se referir ao Islã. "Fundamentalismo", por exemplo. "Não é, acreditamos, um termo útil". Um dos exemplos do relatório sobre esse termo era um artigo de 1981, escrito pelo romancista Anthony Burgess (1917-1993), no qual ele falava do "fundamentalismo perigoso" dos novos governantes do Irã – os aiatolás. Então quer dizer que até chamar o regime iraniano de fundamentalista é problemático. Assim dá para ver como moralmente autocrata era a ideia da islamofobia desde o princípio. O relatório alertava até para o uso equivocado da palavra "islâmico". Você deveria evitar falar de violência islâmica ou fundamentalismo islâmico porque "o uso da palavra 'islâmico' para se referir ao terrorismo ou à opressão é profundamente ofensivo para a maioria dos muçulmanos do Reino Unido". Em vez disso, você deveria usar o termo "islamista", mas é preciso tomar cuidado com essa palavra também – lembre-se sempre, dizia o relatório Runnymede, de que "não é verdade que todos os islamistas tenham uma visão política única".

Então não fale em terrorismo islâmico. Nem em fundamentalismo muçulmano. Não diga que o Islã é intolerante. Não diga que os aiatolás usam a religião para fins estratégicos. Tudo isso é expressão de um "medo preconceituoso". Isso não é antirracismo. É um esforço claro para restringir as críticas públicas ao Islã. São as novas leis contra o pensamento blasfemo. O próprio Runnymede reconhecia que a sua ênfase poderia ter como consequência a censura. O perigo é que esse tipo de abordagem "cale a crítica legítima ao Islã, demonizando e estigmatizando qualquer um que pretenda fazer tais críticas", admitia o documento. Ainda assim ele foi publicado para promover sua agenda de policiamento das blasfêmias e, 20 anos depois, num relatório complementar, o grupo comemorava o fato de ter aumentado a "consciência da islamofobia"[215].

A visão desse grupo de estudos sobre a islamofobia permeou toda a sociedade. Comunidades, universidades, escolas, a polícia e os formadores de opinião adotaram a ideia de que "as hostilidades em relação ao Islã" são uma forma de racismo. Definições posteriores de islamofobia reproduziram o tom do relatório Runnymede. Em 2018, o Grupo Parlamento Pluripartidário de Muçulmanos Britânicos definiu a islamofobia como "um tipo de racismo que tem como alvo expressões e a percepção da muçulmanidade"[216]. Como afirmaram alguns analistas, o uso dessa palavra estranha,

---

215. *Islamophobia: Still a Challenge For Us All*. Runnymede Trust, 2017.
216. "Islamophobia Defined", All Party Parliamentary Group on British Muslims, 2018.

"muçulmanidade", abriu caminho, novamente, para que o Islã seja protegido de questionamentos e reprimendas. "O conceito de muçulmanidade pode ser transferido para as práticas e crenças muçulmanas", disseram os críticos.

O grupo até mesmo intimou o governo a estabelecer "limites apropriados à liberdade de expressão" em questões relacionadas à muçulmanidade e propôs a criação de testes para determinar "se um discurso controverso é crítica sensata ou islamofobia disfarçada de 'crítica legítima'"[217]. Era o pedido da criação de uma nova Star Chamber[218], desta vez capaz de ler mentes e de determinar quais críticos do Islã são legítimos e quais estão sendo racistas. Prova do espírito autoritário da pauta da islamofobia é o fato de os parlamentares estarem pedindo abertamente que autoridades decidam se críticas ao Islã são legítimas, e, portanto, permitidas, ou se são erradas e por isso merecem sanção.

A disseminação dessas definições de islamofobia na nossa sociedade, nas instituições políticas, culturais e educacionais, está tendo um impacto direto na liberdade de expressão e na estabilidade social. O mais incrível é que isso deu origem ao espetáculo extraordinário de pessoas sendo reprimidas e humilhadas, em pleno século XXI, pelo crime de ofenderem o Islã.

Em 2016, o ginasta britânico Louis Smith foi suspenso por dois meses depois que um vídeo em que ele "parecia estar rindo do Islã" veio a público[219]. No vídeo, feito durante um evento social, um Smith embriagado é visto fingindo rezar e tirando sarro das "cerca de 60 virgens" [ele quis dizer 72 virgens, numa referência à quantidade de mulheres que os muçulmanos fiéis esperam encontrar no Paraíso]. Os

---

217. *Idem.*
218. Star Chamber foi uma corte britânica especial que existiu do século XV ao século XVII. (N. T.)
219. *Guardian*, 1º de novembro de 2016.

tabloides chamaram o vídeo de "chocante"[220]. Smith acabou depois perdoado por sua blasfêmia cômica, ao concordar em participar de um ato público de contrição. "Reconheço a gravidade do meu erro [...]. Peço desculpas de todo o coração", disse ele[221]. Dois meses isolado da sociedade educada e jogado na sarjeta social talvez sejam melhores do que as 74 chibatadas que os blasfemos recebem no Irã, mas a moral é a mesma: um castigo por ofender o Islã.

A suspensão e as solenes desculpas públicas de Smith não bastaram. Alguns o queriam morto ou mutilado. Ele foi perseguido *on-line* por fanáticos. "Vou jogar ácido no seu rosto", disse alguém. "Vamos afundar a sua cara", disse outro. Esses fundamentalistas – sim, Runnymede, *fundamentalistas* – se sentirão empoderados pelos castigos impostos a Smith pela sociedade respeitável. Uma sociedade que pune as pessoas por rirem de uma religião não pode se surpreender quando os fiéis dessa religião exigirem castigos cada vez mais severos. Suspensão do esporte e ácido – eles estão no mesmo espectro da intolerância.

Em 2019, a loja Asda em Dewsbury, West Yorkshire, demitiu um funcionário de 54 anos depois que ele publicou um vídeo de um esquete de Billy Connolly em seu perfil no *Facebook*. No esquete, Connolly tira sarro do Islã (e de outras religiões)[222]. Mais tarde o funcionário foi recontratado. Em 2020, um condutor de trem da West Midland Trains foi demitido ao celebrar a reabertura pós-*lockdown* dos bares e escrever no seu perfil do *Facebook*: "Porra, obrigado, nossos bares reabrem hoje. Não podemos deixar que nosso estilo de vida vire um califado muçulmano abstêmio só para vencermos a Covid-19"[223]. Por causa disso, por dizer que muitas

---

220. *Mirror*, 11 de outubro de 2016.
221. *Idem*.
222. *Daily Mail*, 24 de junho de 2019.
223. *Daily Mail*, 26 de novembro de 2021.

nações muçulmanas são abstêmias, dele foi tirado seu sustento. No Irã, cidadãos são castigados se beberem; no Reino Unido, você é castigado se rir do fato de que muçulmanos não bebem. Foi preciso a intervenção da Justiça do Trabalho e da União pela Liberdade de Expressão para que o condutor voltasse ao trabalho.

As pessoas são frequentemente expulsas das redes sociais por falarem mal do Islã. Aqui está a história de Maryam Namazie. Tem também a de Nick Lowles, diretor do grupo antirracista Hope Not Hate, que foi retirado da lista de convidados de um evento organizado pela União Nacional dos Estudantes sob acusação de islamofobia – isto é, porque ele "ousou condenar o extremismo islamista", nas palavras dele[224]. Tem também Richard Dawkins, impedido de falar no Trinity College de Dublin por suas opiniões sobre o Islã (ele acha que o Islã é "a maior força do mal no mundo atual"). Dawkins merece ser publicamente censurado, disse um articulista do *Independent*, porque ele se recusa a reconhecer a existência da islamofobia. Ele considera a "islamofobia" uma "não palavra, um conceito sem base ou referência"[225]. Questionar a ideia de islamofobia é, para o Reino Unido de hoje, o mesmo que questionar a verdade de Alá no Irã atual – uma blasfêmia, um crime passível de punição.

Outra história desse tipo é a de Trevor Phillips, ex-presidente da Comissão de Igualdade e Direitos Humanos do Reino Unido, suspenso do Partido Trabalhista por "islamofobia". O crime dele foi perguntar por que os muçulmanos não usam flores na lapela para celebrar o Remembrance Sunday[226] e argumentando que alguns muçulmanos no Reino Unido demonstraram solidariedade

---

224. *Guardian*, 18 de fevereiro de 2016.
225. *Independent*, 26 de julho de 2017.
226. Dia comemorativo, celebrado sempre no segundo domingo de novembro, para lembrar o trabalho e o sacrifício dos militares nas duas Guerras Mundiais. (N.T.)

para com os "motivos" que levaram os terroristas a matarem os jornalistas do periódico *Charlie Hebdo*[227]. O fato de isso ser verdade – uma pesquisa de 2015 revelou que 10% dos muçulmanos britânicos entre 18 e 34 anos concordavam que "empresas que publicam imagens do profeta Maomé devem ser atacadas – não fez diferença alguma[228]. Phillips cometera o pecado de fomentar o temor público baseado no preconceito e a verdade não servia como argumento de defesa (depois de ser humilhado publicamente, ele voltou ao partido).

As artes e a literatura também estão sendo sacrificadas no altar do impoluto Islã. Depois da controvérsia quanto aos cartuns dinamarqueses retratando Maomé, em 2005, a peça *Up on Roof*, de Richard Bean, teve sua temporada no Hull Truck Theatre, em Kingston, interrompida até que do texto fossem retiradas "duas ou três referências a Maomé"[229]. As referências a Jesus permaneceram, mas as referências a Maomé foram extirpadas porque "o teatro estava se borrando de medo", disse Bean. O Royal Court Theatre de Londres cancelou a leitura de uma adaptação moderna do clássico de Aristófanes *Lisístrata* porque a obra se baseava num Paraíso muçulmano e mostrava as virgens desse Paraíso fazendo greve de sexo a fim de impedir a ação de homens-bomba muçulmanos aqui na Terra[230]. Uma montagem da peça *Tamburlaine the Great*, de Christopher Marlowe no Barbican excluiu do texto a cena em que Tamburlaine queima o Corão e também tirou outras referências "desrespeitosas" a Maomé[231]. Até mesmo Marlowe tem de se curvar às determinações da polícia da islamofobia do século XXI.

---

227. *The Times*, 9 de março de 2020.
228. National Secular Society, 25 de fevereiro de 2015.
229. *Daily Telegraph*, 14 de abril de 2010.
230. *Daily Telegraph*, 26 de agosto de 2014.
231. *Observer*, 27 de novembro de 2005.

Recentemente, os cinemas britânicos tiraram de cartaz o filme *The Lady of Heaven*[232], por causa de protestos de muçulmanos que consideravam o filme "blasfemo", entre outras coisas, apenas por exibir o rosto de Maomé[233]. "Allahu Akbar!", gritava a multidão para o gerente do cinema Cineworld, em Sheffield, dizendo para ele que o filme sacrílego não poderia mais ser exibido.

O ataque bem-sucedido da multidão ao filme *The Lady of Heaven* ilustra perfeitamente como a ideologia secular da islamofobia estimula o sentimento religioso retrógrado a esmagar ideias e imagens blasfemas. O mais impressionante sobre os protestos contra o filme foi o uso da linguagem contemporânea da ofensa e do vitimismo. "Estamos muito ofendidos [...]. Nós nos sentimos insultados", disse um dos líderes dessa cruzada contra a arte profana[234]. Há uma conexão direta entre a insistência do Runnymede Trust em dizer que deveríamos evitar palavras que são "profundamente ofensivas" aos muçulmanos e a crença, 25 anos mais tarde, de que os muçulmanos têm o direito a jamais se sentirem ofendidos. A ideologia da islamofobia estimula a intolerância. Ela convida as pessoas a exibirem seus sentimentos ofendidos com o objetivo de fazer com que aquilo que as ofendeu será retirado da arena pública. Ela deu origem ao veto islamista à vida cultural do país.

Juntamente com a cultura, o debate público sofre uma restrição devido às leis contra a islamofobia. Nossa capacidade de discutirmos os problemas sociais são frustradas pela demanda de que sejamos circunspectos em qualquer análise do Islã. Pegue o terrorismo, por exemplo. Ou melhor, o "terrorismo islâmico", como o relatório Runnymede nos aconselha a *não* nos referirmos a

---

232. Longa lançado em dezembro de 2021, dirigido por Eli King. Não encontramos, até o momento da edição deste livro, o filme distribuído no Brasil, seja nos cinemas ou pelos serviços de *streaming*. (N. E.)
233. *Guardian*, 7 de junho de 2022.
234. 5Pillars, *Twitter*, 4 de junho de 2022.

ele. Centenas de pessoas foram massacradas por islamistas radicais na Europa da última décadas. Dezenas delas só no Reino Unido, incluindo 22 pessoas assassinadas na Manchester Arena em 2017. E ainda assim você corre o risco de ser considerado islamofóbico se disser a verdade sobre a ideologia que justifica esses atos de barbárie apocalíptica.

Acatando a sugestão do relatório Runnymede para que não usemos juntas as palavras "terrorismo" e "islâmico", a política especializada em contraterrorismo no Reino Unido cogitou explicitamente eliminar o uso de termos como "terrorismo islâmico" e "jihadistas", substituindo-os por termos como "terroristas autointitulados fiéis" e "terroristas que clamam motivação religiosa"[235]. A premissa, de acordo com uma autoridade policial, é a de que a mudança na linguagem pode ajudar a provocar uma "mudança de cultura". Usar palavras que "associam diretamente o islã à jihad" não "ajudam a fomentar as relações comunitárias", disse ele, então vamos parar com isso. Voltamos ao reino da engenharia social orwelliana, da manipulação do discurso a fim de controlar o pensamento. A ideia de que certas palavras devem ser eliminadas do léxico do debate cotidiano tem a ver, na verdade, em mudar a forma de pensar da população. Neste caso, trata-se de nos impedir de pensarmos no "terrorismo islâmico", fazendo com que pensemos nesses atos violentos quase como se fossem desastres naturais, horrores sem identidade que não podem ser atribuídos a ninguém e que não expressam nada. No Irã eles aprovam leis que proíbem a crítica ao Islã; no Reino Unido as autoridades anseiam por alterar a linguagem de modo que a crítica ao Islã se torne impossível. O primeiro torna ilegais certos pensamentos; o segundo sonha em tornar certos pensamentos impensáveis, apagando as palavras que

---

235. *The Times*, 20 de julho 2020.

lhes servem de base. "Não está vendo que o objetivo da novilíngua é limitar o pensamento?..."

A polícia pode não ter separado oficialmente as palavras "terrorismo" e "islâmico", mas a desconstrução dessa expressão supostamente preconceituosa já está acontecendo. Na verdade, é bem raro ouvir uma autoridade falando em "terrorismo islâmico" ou até mesmo "terrorismo islamita". Quando o então líder do Partido da Independência do Reino Unido, Paul Nuttall, mencionou a palavra "islamista" para falar do atentado na Manchester Arena em 2017, foi repreendido por todo mundo[236]. O Conselho Muçulmano do Reino Unido também pede a sacralização da palavra "islâmica" no debate público sobre o terrorismo. O grupo criticou veículos de imprensa que usavam expressões como "terrorista islâmico armado" ou por descreverem o ISIS como "um culto da morte islâmico". Ele repreendeu até o *Daily Mail* por dar mais destaque para a opinião de uma mulher yazidi que disse que seus sequestradores do ISIS acreditavam agir de acordo com a "lei islâmica". O grupo diz que é errado associar a palavra "islâmico" ao ISIS[237]. Foi até aqui que a cruzada contra a islamofobia nos trouxe: à repreenda a um jornal por permitir que uma mulher, que foi sequestrada e estuprada por fundamentalistas islâmicos, conte a sua história. Será que ela sofre de "preconceito" contra o Islã?

A cruzada contra a islamofobia prejudica não só o pensamento e o discurso, mas também a vida real. Como no caso do escândalo no qual se soube que policiais e conselhos municipais de toda a Inglaterra se omitiram em casos de assédio sexual e estupro de mulheres brancas pobres por imigrantes paquistaneses porque temiam ser chamados de racistas ou islamofóbicos. E que tal o caso de Batley Grammar, professora de Yorkshire que foi obrigada a se

---

236. *Spiked*, 2 de junho de 2017.
237. Centre for Media Monitoring, Muslim Council of Britain, novembro de 2021.

esconder de um grupo de fundamentalistas muçulmanos – expressão que não deveríamos usar – por mostrar aos alunos uma imagem de Maomé durante uma discussão sobre blasfêmia em sala de aula? A liberdade de expressão tem consequências, diz a elite cultural. Ela magoa as pessoas, afirmam. As consequências da censura são muito mais graves.

A censura distorce a realidade. Ela desestimula a discussão honesta sobre os problemas que afligem nossa sociedade. Ela nos leva a mentirmos para nós mesmos e uns para os outros. Ela incita o reacionário a buscar castigos cada vez mais duros para os que os ofendem. Ela elimina a cultura. Ela impede a montagem de peças de teatro e a publicação de livros. Ela aprova a perseguição daqueles considerados "criminosos de opinião". Ela faz com que se ignore até estupros. A cruzada contra a islamofobia, sem querer (não que isso seja uma desculpa), deu origem a todos esses horrores. Ela fez surgir uma sociedade que prefere a humilhação violenta de uma menina pobre a falar qualquer coisa que seja considerada preconceituosa sobre uma religião.

A censura estimula o "direito à violência". Com sua crença basilar de que algumas palavras e ideias são tão nocivas para o bem-estar psicológico das pessoas que não nos resta alternativa senão silenciá-las – ou ao menos tirá-las discretamente da vida pública –, a censura promove a intolerância. Ela fomenta o ódio e a brutalidade. Afinal, se palavras ofendem, por que não castigamos os que as mencionam? Se o discurso é violência, por que não deveríamos agir com violência contra aqueles cuja liberdade de expressão abominamos? Os problemas envolvendo Salman Rushdie são prova da associação profana entre se ofender e se vingar. Ele perdeu a visão de um dos olhos e o uso de uma das mãos por criticar o Islã, por expressar o que hoje virou moda chamar de "pavor preconceituoso" daquela religião. Esse é o preço da islamofobia, então: um olho, uma das mãos. Que incrível isso acontecer numa época em que um dos maiores romancistas do nosso tempo trabalhava sob a ameaça de uma pena de morte decretada por ter criticado o Islã e mesmo assim a sociedade civil ocidental se vê obcecada em demonizar a crítica ao Islã.

No passado, Rushdie era considerado blasfemo. "O livro mais ofensivo, nojento e agressivo já escrito por um inimigo do Islã", disse um ativista islamista sobre *Os Versos Satânicos* quando o livro foi publicado[238]. Hoje Rushdie seria acusado de islamofobia. Em *Joseph Anton*, sua autobiografia, Rushdie explicou a islamofobia como "um vício no léxico da novilíngua". A islamofobia é o termo orwelliano "inimigo de qualquer análise, razão e controvérsia", escreveu Rushdie[239].

Está na hora de encararmos o fato de que a *fatwa* venceu. A ideologia revoltante por trás da sentença de morte decretada pelo Irã contra Rushdie em 1989 foi perversamente internalizada pela sociedade civil ocidental. O Irã sabe disso. Num comunicado para o Departamento de Direitos Humanos da ONU, o país agradeceu o tratamento internacional dado à islamofobia como "uma doença social e cultural", e pedia mais "medidas legais" contra ela. Os aiatolás estão rindo de nós. Eles mal podem acreditar no quanto absorvemos de sua hostilidade à liberdade de expressão. Mal podem acreditar que tenhamos voluntariamente nos transformado em embaixadores da censura islâmica do regime. Mal podem acreditar no fato de desincentivarmos a crítica ao véu – exatamente como eles fazem. Mal podem acreditar que hoje punamos piadas sobre crenças islâmicas – exatamente como eles fazem. Mal podem acreditar que consideramos a hostilidade ao islã uma "doença", uma "fobia" – exatamente como eles fazem. Hereges sem autoestima

---

238. MALIK, Kenan. *From Fatwa to Jihad: The Rushdie Affair and Its Legacy*. Atlantic Books, 2017.
239. RUSHDIE, Salman. *Joseph Anton: A Memoir*. Random House, 2012.

se calam a fim de evitar ofender uma religião ou um deus ou um profeta ou o Irã ou qualquer outra ideologia ou sistema de crenças.

Como escreveu Rushdie: "'Respeito pela religião' se tornou uma expressão secreta para 'medo da religião'. Religiões, como quaisquer outras ideias, merecem críticas, sátiras e, sim, nosso desrespeito destemido".

Desrespeito destemido – isso é o que deveria alimentar a heresia de que tanto precisamos hoje.

CAPÍTULO 5

A ASCENSÃO DOS PORCOS

A porcalhada está de volta. Só que hoje em dia não os chamamos mais de porcos, e sim de presuntinhos[240]. Há alguns séculos, no início da democracia moderna, a ralé que queria mais voz na esfera pública era desprezada e chamada de porca. Hoje, é chamada de carne de porco. Tenho certeza de que é um rebaixamento. Ao menos os porcos são criaturas vivas e bastante inteligentes. Os presuntinhos, por sua vez, são carne inanimada, sem sentido, incapazes de pensar e sujeitas ao apodrecimento. Esses somos nós, aparentemente. Esse é o chiqueiro de hoje em dia.

Nos últimos anos, "presuntinho" virou o insulto da moda na vida intelectual britânica. Eles usam o termo para se referir a certo tipo de eleitor. Direitista, a favor do Brexit, revoltado, a cara toda vermelha – daí o "presunto". Como explica um professor de ciência política, presuntinho "é um termo ofensivo para se referir aos eleitores homens, brancos e idosos, todos defensores do Brexit"[241]. A intromissão dos presuntinhos na política partidária,

---

240. Como se verá ao longo do texto, o termo não se aplica ao Brasil. Uma tradução mais apropriada para o atual contexto brasileiro serial algo como "bolsonarista", "bolsomínion" ou até "patriotário", dependendo do contexto; porém, a intenção aqui não é "abrasileirar" a obra, mas torná-la inteligível em nossa língua, por isso optei por manter a referência aos suínos e à carne de porco porque ela irá permear todo o texto. (N. T.)
241. *Political Studies Association*, novembro de 2020.

antes reduto de operários e da classe média baixa, é considerada a razão para todos os males políticos do nosso tempo, sobretudo o populismo. A "suculenta gíria" do presuntinho, como diz o *Independent*, tem como alvo pessoas atraídas "pelas ideias políticas de direita ou nacionalistas", e que "se assemelham a um prato de presunto cozido"[242]. Eles, "fãs de meia-idade do Brexit", parecem "um belo e suculento leitão", como diz um observador[243], e estão arruinando a vida política do país com seus "ataques de fúria quanto ao Brexit e os imigrantes"[244].

Pessoas com algum conhecimento da história britânica, sobretudo da luta história pelos direitos democráticos, talvez já conheçam toda essa coisa de porco e leitão e presunto. A metáfora dos porcos está presente no debate democrático do Reino Unido há centenas de anos. Na verdade, um dos maiores periódicos democráticos dos anos 1790 se chamava *Carne do Porco (Pig's Meat)*. Por quê? Porque era uma resposta, semana a semana, aos preconceitos antidemocráticos das autoridades e sobretudo ao termo "porcalhada" de Edmund Burke (1729-1797). Burke via as massas revolucionárias como vândalos destruidores da cultura, e os panfletários radicais respondiam com indignação suína. "Exigimos os Direitos dos Porcos", lia-se no *Carne do Porco* em 1794[245].

Burke apresentou o tema do porco às discussões políticas em 1790, com seu *Reflexões sobre a Revolução Francesa*. Um ataque conservador aos tumultos revolucionários do outro lado do Canal da Mancha, *Reflexões* teme o que aconteceria se a nobreza e o clero fossem derrubados pelas hordas de franceses politizados. "O conhecimento será lançado na lama e pisoteado pelos cascos de uma

---

242. *Independent*, 17 de maio de 2018.
243. *Independent*, 15 de maio de 2018.
244. *Journal*, 15 de maio de 2018.
245. CAZZOLA, Matilde. *The Political Thought of Thomas Spence: Beyond Poverty and Empire*. Routledge, 2021.

porcalhada", alertava ele[246]. Aí está. A visão má e assustadora da multidão ignara, porca e suína se sobrepondo ao que Burke descreveu como "o espírito dos cavalheiros e o espírito da religião". Os radicais ingleses, mais animados do que horrorizados pelo que acontecia na França, reagiram com ferocidade à imagem criada por Burke.

Os agitadores democráticos do fim do século XVIII se transformaram em porta-vozes da porcalhada. Em 1793 foi publicado anonimamente o panfleto intitulado *Para o Ilustre Edmund Burke, da Porcalhada*. Ele está cheio de referências aos porcos, comparando as dificuldades econômicas dos "pobres suínos" ingleses com o luxo de que gozavam os "porcos nobres", como Burke. O panfleto foi extremamente popular e era vendido aos montes nas livrarias e lido nos bares. Talvez a classe governante é que era formada por porcos, propunha o texto. Talvez os nobres é que estavam "se empanturrando em coxos cheios da mais fina lavagem", lia-se nele, enquanto nós "criadores de porcos trabalhamos de sol a sol para poder sobreviver"[247]. Posteriormente a autoria do panfleto foi atribuída a James Parkinson (1755-1824), um médico e ativista político. Ele escreveu outro panfleto, publicado mais uma vez sob anonimato, intitulado *Pearls Cast Before the Swine by Edmund Burke* [*Reflexões sobre a revolução na França*][248].

Os porcos insistiam em retrucar. O semanário radical *Carne do Porco, ou Lições para a Porcalhada* era publicado por Thomas Spence (1750-1814). Spence era livreiro e vendia panfletos revolucionários em sua banquinha na Chancery Lane de Londres. Ele se via como

---

246. BURKE, Edmund. *Reflections on the Revolution in France*. Oxford World's Classics, 2009. No Brasil há inúmeras traduções da referida obra, todavia, à título de parâmetro, usamos a boa tradução de José Miguel Nanni Soares pela editora Edipro, de 2014, sob o título *Reflexões sobre a revolução na França*. (N. E.)
247. PARKINSON, James. *An Address to the Hon. Edmund Burke; from the Swinish Multitude*. 1793.
248. PARKINSON, James. *Pearls Cast Before the Swine by Edmund Burke*. 1793.

o "tratador intelectual dos porcos"[249]. Ele criticava Burke por "inapropriadamente insultar seus semelhantes famintos chamando-os de porcalhada"[250]. Havia também o *Lavagem de Porco (Hog's Wash)*, publicado por Daniel Isaac Eaton (1753-1814) entre 1794 e 1795. Eaton foi um dos grandes jornalistas radicais do fim do século XVIII. Ele simpatizava com a Revolução Francesa, uma postura arriscada de se assumir na Inglaterra daquele tempo. Entre 1793 e 1812, ele foi processado oito vezes por publicar panfletos politicamente inflamados e blasfemos. Ele adorava dar voz aos suínos. Graças às "bênçãos da arte da impressão, a escória da Terra, a porcalhada, está exigindo seus direitos", escreveu ele em 1794[251]. Imaginar porcos "exigindo que a liberdade política será a mesma para todos – que audácia", lia-se nele.

Essa foi a Era das Revoluções, como descreveu Eric Hobsbawm (1917-2012)[252]. No período entre meados do século XVIII e meados do século XIX o mundo testemunhou uma onda revolucionária por todos os cantos, dos Estados Unidos ao Haiti e da França à América Latina. Na Inglaterra, porém, o sentimento revolucionário era uma heresia. A vida dos radicais era "cheia de perigos", nas palavras de Michael T. Davis. Estigmatizados como "vândalos, subversivos e membros da ingovernável 'porcalhada'", os radicais ingleses enfrentavam "uma torrente de propaganda conservadora, repressão jurídica e perseguição do governo", diz Davis[253]. Mas havia um grupo com o qual os radicais podiam contar – seus compatriotas da porcalhada. Em 1794, Daniel Isaac Eaton

---

249. CAZZOLA, Matilde. *The Political Thought of Thomas Spence: Beyond Poverty and Empire*. Op. cit.
250. *Idem*.
251. EATON, Daniel Isaac Eaton. *The Pernicious Effects of the Art of Printing on Society, Exposed*. 1794.
252. HOBSBAWM, Eric. *The Age of Revolution: 1789-1848*. Vintage, 1996.
253. DAVIS, Michael T. *Radicalism and Revolution in Britain, 1775-1848*. Palgrave Macmillan, 1999.

publicou um artigo no *Lavagem de Porco* que dizia que deveríamos "livrar o mundo dos tiranos". Isso foi interpretado pelas autoridades como um ataque ao rei George III (1738-1820) e, portanto, como um ato de traição, e por isso Eaton foi mais uma vez levado ao tribunal. Mas o júri o inocentou – para a aclamação do povo. As pessoas celebraram nas ruas e até forjaram medalhões em honra ao porta-voz dos suínos, esse defensor dos direitos da porcalhada[254].

Por fim, a lei uma hora pegou os rebeldes suínos. Como explica Geoffrey Bindman, "no fim de 1795, o governo de William Pitt (1759-1806) decidiu agir"[255]. Ele aprovou duas novas leis contra a heresia do ativismo radical. Primeiro, a Lei das Reuniões Rebeldes, que proibiu as reuniões dos pensadores revolucionários. Depois, a Lei de Práticas Traidoras, que proibiu a publicação de qualquer panfleto rebelde. As leis foram muito eficientes e, na prática, puseram fim ao radicalismo inglês, ao menos por um tempo. Samuel Taylor Coleridge (1772-1834) descreveu as leis como "detestáveis" e "maldosas", já que seu objetivo era "matar todos que divulgassem verdades necessárias para o progresso da felicidade humana"[256]. Os radicais perceberam que o tempo era de dificuldades para a porcalhada. Um deles escreveu poeticamente: "Destruídos os melhores homens do país/ nós, PORCOS, se não erramos/ devemos gritar e, irritados, roer a língua/ e sermos abatidos e transformados em bacon"[257].

Bacon – foi nisso em que se transformaram os porcos da Inglaterra durante a Era das Revoluções, fritos pelos governantes revolucionários da época. Avançamos dois séculos e agora eles são presuntinhos. Os porcos voltaram. Claro que aqueles que hoje em dia lutam contra a democracia, sobretudo a democracia

---

254. *New Law Journal*, 2 de março de 2012.
255. *Idem*.
256. *Idem*.
257. *Idem*.

populista, são sofisticados ou ao menos politicamente corretos demais para usarem expressões como "porcalhada". Ainda assim impressiona o fato de eles terem sido seduzidos pela linguagem suína. Novamente eles usam a metáfora do porco. Na repetição da história como farsa, eles falam dos plebeus como carne de porco. Da porcalhada aos presuntinhos, do bacon ao "prato de presunto assado", eis a assustadora consistência linguística do medo que a elite britânica sente das multidões.

Os presuntinhos, assim como os porcos de Burke, são vistos como inimigos da cultura: grosseiros, insensíveis e desrespeitosos em relação aos especialistas. O uso desse tipo de "insulto suculento" aumentou imensamente depois do plebiscito sobre o Brexit em 2016. De acordo com uma das definições do termo, trata-se de "um termo coletivo para homens brancos, de meia-idade e expressão de raiva e que se concentram nos cafundós da Inglaterra pró-Brexit". O uso do termo "presuntinho" estava tão disseminado entre a esquerda e os progressistas que, em 2018, o *Collins English Dictionary* o escolheu como uma de suas palavras do ano. "Presuntinho: uma pessoa, geralmente branca e de meia-idade, com opiniões reacionárias, sobretudo que tenha apoiado a saída do Reino Unido da União Europeia" – essa é a definição oficial e dicionarizada dessa porcalhada atual[258].

A visão monstruosa da carne de porco é fundamental para o insulto "presuntinho". Esses eleitores têm "obsessão por carne vermelha", disse um comentarista[259]. O vermelhão é "o tom de pele de quase todos os loucos furiosos, que falam cuspindo e que estão sempre fazendo comentários semirracistas no programa *Question Time* da *BBC*", disse o *Guardian*[260]. A carne de porco virou quase sinônimo do que as elites cosmopolitas veem no homem comum

---

258. *Metro*, 12 de novembro de 2020.
259. *Daily Telegraph*, 7 de novembro de 2018.
260. *Huck*, 7 de fevereiro de 2018.

inglês das cidadezinhas e que tomam decisões democráticas erradas. Essas pessoas têm "traços rudes, consequência de várias canecas de chope nos bares das cidadezinhas", disse um observador. Eles "contemplam os benefícios de se livrarem dos burocratas europeus dados a medir até as bananas", continuou ele. E a aparência física? É "tipo leitão… ou presunto". E por que esses "racistas" não seriam associados a uma "carne multiprocessada e cheia de sal, destinada mais aos cachorros do que aos humanos"[261]? Deem presuntinhos aos cães. Isso resolverá todos os problemas da nossa política.

Os "porqueirões" do fim do século XVIII foram, no começo do século XXI, substituídos por homens "com aparência de presunto". E ainda que boa parte daqueles que usam esse jargão diga que é apenas uma referência à fisionomia da pessoa, então calma aí, o fato é que o termo ecoa o velho ódio à porcalhada. Como escreve sucintamente uma colunista, "presunto é porco"[262]. A gíria "está repleta de pedantismo", disse ela, então "claro que ela é popular entre os burgueses socialistas que falam das pessoas como se fossem donas delas". O escritor considerado o responsável por ter inventado o insulto, o autor de livros infantis Ben Davis, também percebeu o crescente uso do termo como uma espécie de "identificador de classe"[263].

Isso, porque o "presuntinho", assim como a porcalhada, se refere essencialmente às pessoas das classes mais baixas: culturalmente deficientes, sem educação e tolos demais para a política. Como argumentou Darren Howard no estudo "Ficções Necessárias: a Porcalhada e os Direitos do Homem", o uso das referências suínas por Burke reflete a ideia de que "aos homens menos escolarizados faltam as características verdadeiramente humanas, como a alma, a

---

261. *Guardian*, 14 de maio de 2018.
262. *NME*, 14 de maio de 2018.
263. *GQ*, 16 de maio de 2018.

racionalidade e a moralidade"[264]. A desumanização é fundamental para o fomento do pânico também. Um escritor esquerdista disse ter encontrado "um enxame de presuntinhos das redes sociais" – enxame: são porcos ou insetos? – e que essas criaturas desalmadas precisam "ser alimentadas na boquinha diariamente com o lixo dos tabloides", a fim de que saibam o que pensar[265].

O que mais une o medo distópico que Burke sentia da porcalhada e o medo, próprio do século XXI, dos presuntinhos é a questão da democracia. Não por coincidência, ambos os termos suínos surgiram em momentos de reviravolta democrática. Burke via a Revolução Francesa como o acontecimento mais extraordinário da história. "Levando em conta todas as circunstâncias, a Revolução Francesa foi a coisa mais impressionante que já aconteceu ao mundo", disse ele[266]. Ele não estava errado. A Revolução Francesa transformou totalmente o que se entendia por democracia. Como diz um historiador, "foi só depois da Revolução Francesa que o termo 'democracia' perdeu sua conotação negativa"[267]. Se o Brexit tivesse sido uma verdadeira revolução, e não apenas uma revolta eleitoral, talvez ele tivesse transformado a nossa época do mesmo jeito que os revolucionários franceses transformaram a deles. Mas foi um momento democrático histórico e que, novamente, ressuscitou a suinofobia entre o *establishment*.

Esses enxames de presuntinhos, essas criaturas semelhantes a pedaços de carne destinados aos cães, são vistos como inadequados para a vida política. Para Burke, à porcalhada faltava a profundidade intelectual e espiritual para o debate político razoável. Reformistas pacientes "podem seguir adiante com confiança,

---

264. *Independent*, 15 de maio de 2018.
265. *Studies in Romanticism*, verão de 2008.
266. *Huck*, 7 de fevereiro de 2018.
267. BURKE, Edmund *Reflexões sobre a revolução na França. Op. cit.*

porque somos capazes de agir com inteligência", escreveu ele, enquanto as "reformas tumultuosas", lideradas por homens "mais rebeldes do que ponderados" sempre acabam mal[268]. Burke temia a influência dos demagogos e acreditava que eles explorariam as inseguranças do povo a fim de obterem ganhos políticos[269]. Os mesmos termos fomentam o pânico quanto aos presuntinhos. Os presuntinhos são vistos como seres inferiores cujas mentes estão mais sujeitas à demagogia. Daí a imagem deles como sendo "alimentados na boca com a lavagem dos tabloides"[270]. Os presuntinhos são alvos do ódio e da ignorância das elites. "Eles reproduzem o discurso de veículos fascistas como o *Daily Mail* – ou, para os que preferem algo menos intelectualizado, o *Daily Express*", de acordo com uma definição[271].

O maior problema dos presuntinhos é o fato de eles rejeitarem o conhecimento dos especialistas. Enquanto antigamente Burke temia que a vida pacata seria "tumultuada pela porcalhada" lá na França e possivelmente no restante da Europa, as elites de hoje temem que a ignorância apresuntada destrua o pensamento correto e da moda dos "especialistas". Atravessamos uma "tempestade democrática", diz um observador, na qual há "presuntos furiosos contra a razão" e que "estão cansados dos especialistas". O resultado é "uma sociedade impulsionada pela ignorância, ideologia e autointeresse". Bom, que "os palhaços sedentos de atenção gritem contra o vento", diz ele, porque "há um trabalho a ser feito e somente os adultos estão aptos"[272]. Não os presuntinhos, não os leitões, não os porcos.

---

268. SAXONHOUSE, Arlene. *Athenian Democracy: Modern Mythmakers and Ancient Theorists*. University of Notre Dame Press, 1996.
269. BURKE, Edmund. *Reflections on the Revolution in France. Op. cit.*
270. *Spectator*, 23 de abril de 2016.
271. *Huck*, 7 de fevereiro de 2018.
272. Gammon, *Urban Dictionary*.

O impressionante é que, apesar de toda a discussão atual sobre a chamada cultura do cancelamento, sobre se é ou não aceitável "cancelar" o discurso de ofensores e ignorantes, uma das consequências mais horríveis da cultura do cancelamento raramente é mencionada: o cancelamento da democracia.

Vivemos em meio a uma onda furiosa de reação contra o ideal democrático. O momento populista expôs ao público o horror que as elites têm de confiar no povo quando se trata de tomar decisões políticas. Os votos para o Brexit e para Trump em 2016, e a vitória de partidos de direita ou não progressistas em outros lugares do mundo, como na Hungria, Suécia e Itália, deram origem não apenas a uma sensação de decepção da elite para com os cidadãos que "fizeram escolhas erradas", mas também a uma nova hostilidade em relação à própria ideia de democracia, em relação ao princípio moderno de permitir que as multidões escolham seus governantes e o rumo da nação. E isso tudo se baseia numa profunda desconfiança em relação às pessoas comuns e à capacidade delas de raciocinarem e terem bom senso, na crença de que limitar o debate público, ou ao menos o restringi-lo, é a única solução para as dificuldades do nosso tempo.

As consequências do voto dos britânicos pela saída do Reino Unido da União Europeia e do voto dos norte-americanos em Trump foram extraordinárias. Opiniões que eram expressas apenas na privacidade de um jantar cheio de gente bêbada transbordaram para a vida pública. Pessoas que, no conforto de suas casas brindando com seus amigos inteligentinhos não ousavam dizer que as massas eram como porcos, agora davam vazão a esse espírito corrompido na esfera pública.

Não conseguimos mais "manter a multidão sob controle", disse Matthew Parris. Hoje sabemos, continuou ele, que "muitos eleitores podem se deixar levar por promessas falsas, por mentiras,

por esperanças infundadas e por medos e ódios repentinos"[273].
"Os ignorantes não deveriam ter voz quanto à nossa participação na União Europeia", lia-se no título de um artigo de Richard Dawkins publicado pouco antes do referendo, em junho de 2016. As pessoas simplesmente não têm "experiência no assunto", dizia Dawkins, antes de se deter sobre "os temas econômicos e sociais extremamente complexos que assolam o país"[274]. O filósofo A. C. Grayling reclamava da "política das multidões". "O governo por meio da aclamação pública é um péssimo regime", disse. Estamos "criando um precedente", insistia ele, ao permitirmos a divulgação de "desinformações, distorções e promessas falsas". O "espírito dos tabloides" não deveria determinar a pauta política, disse[275]. E aí está: a opinião da multidão é manipulada facilmente pelos demagogos, pela imprensa e pelos mentirosos.

Houve pedidos explícitos para proteger o governo dos especialistas do sentimentalismo das massas. "O Brexit nos ensina o perigo da democracia direta", disse uma ex-autoridade da ONU. "Permitir que políticas com ramificações dessa magnitude sejam decididas pelo calor do momento só vai garantir que os sentimentos populares se sobreponham sobre as tomadas de decisões", continuou[276]. Num ensaio sobre o Brexit publicado no *Guardian* e intitulado "Por que as eleições são ruins para a democracia", o escritor belga David Van Reybrouck disse que "nunca antes uma decisão tão drástica foi tomada por meio de um processo tão primitivo – um plebiscito em turno único, com base numa maioria simples". *Primitivo* – que escolha interessante de palavra! O destino de uma nação, de todo um continente na verdade, mudou graças a "um único golpe de

---

273. *Herald*, 29 de agosto de 2017.
274. *Spectator*, 12 de novembro de 2016.
275. *Prospect*, 9 de junho de 2016.
276. *Skeptical Science*, 6 de julho de 2016.

um machado tão cego, empunhado por cidadãos desencantados e mal-informados", escreveu ele[277]. Um ex-conselheiro do Partido Conservador do Reino Unido e que era a favor da permanência do país na União Europeia reclamou do "extremismo democrático" da era Brexit, porque esse extremismo "leva longe demais a ideia nobre de que as opiniões políticas de todos têm o mesmo peso"[278].

Que conceito interessante – a democracia indo longe demais. Esse foi um tema recorrente do colapso intelectual pós-Brexit e pós-Trump: o de que o governo do povo é bom, mas o governo de um povo estúpido, desinformado e "manipulado pelo preconceito e pela emoção" é outra coisa totalmente diferente[279]. Assim, Matthew Parris criou uma distinção entre o povo e a multidão. "Acredito na sabedoria do povo, mas não das multidões", disse ele depois da eleição de Trump nos Estados Unidos. Agora "o povo e a multidão estão se fundindo". Hoje, graças ao mais massificado dos veículos de massa, a Internet, "os ignorantes podem descobrir, com um só clique no teclado, que há milhões de pessoas como eles por aí", e como consequência disso a democracia "está sendo levada ao seu limite lógico", disse Parris[280].

A diferença entre o povo e a multidão lembra a distinção que Burke fazia entre as reformas levadas a cabo pela elite educada e as "reformas tumultuadas" promovidas pelos ignorantes. Ela também reflete, claro, a velha discórdia histórica entre a democracia representativa – na qual os sentimentos públicos são filtrados por meio das instituições e do sistema de freios e contrapesos – e a democracia direta, na qual o sentimento do público manda. Na primeira, somos povo: ainda somos massa, mas no bom sentido.

---

277. *Quint*, 24 de junho de 2016.
278. *Guardian*, 29 de junho de 2016.
279. *Conservative Home*, 30 de junho de 2016.
280. *Idem*.

Na segunda, somos multidão: as massas sem o controle do sistema de freios e contrapesos, sujeitas, portanto, pela lábia dos demagogos e pela vontade da imprensa.

Como dizia, no século XVIII, o filósofo francês Marquês de Condorcet (1743-1794), é preciso diferenciar a "opinião pública", moldada pelos esclarecidos, da "opinião popular [...] que continua sendo uma das características mais miseráveis e estúpidas do povo"[281]. Em termos mais contemporâneos, o velho "mecanismo elitista de escolha da democracia implodiu lentamente", disse Andrew Sullivan em maio de 2016. Enquanto as instituições da democracia representativa protegem contra "a tirania da maioria e as paixões das multidões", formas mais diretas de democracia hoje misturam "sentimentos, emoções e narcisismo no lugar da razão, do empiricismo e do espírito público", disse[282]. O povo sem controle é o maior terror das elites.

Sob o disfarce do combate ao populismo, as elites política e cultural estão combatendo a democracia. A democracia ainda goza de respeito formal o bastante para resistir a qualquer ataque contra ela. Só alguém com muita coragem se levantaria para dizer "Vamos nos livrar da democracia". Assim, o populismo – a machadada do Brexit, o amor das multidões por Trump – se transformou numa espécie de dublê da democracia. O populismo foi o saco de pancada das elites frustradas com a democracia em si, mas incapazes de dizerem isso. Os pecados do populismo – o fato de ele dar poder demais aos ignorantes, de tratar a opinião passional da plebe com o mesmo respeito reservado à opinião dos especialistas e de cultivar um espaço público no qual a informação, inclusive as mentiras, reina livremente – na verdade são pecados da democracia.

---

281. FRIEDLAND, Paul. *Political Actors: Representative Bodies and Theatricality in the Age of the French Revolution*. Cornell University Press, 2022.
282. *New York*, 1 de maio de 2016.

Às vezes, porém, os analistas deixam de fingir que têm como alvo o populismo e se lançam à jugular da democracia. "A democracia deveria representar a vontade do povo. Mas e se o povo não tiver a menor ideia do que está fazendo?", perguntava um artigo do cientista político norte-americano Jason Brennan, autor de *Contra a Democracia*[283]. Trump venceu, dizia ele, porque "os eleitores são ignorantes". Poucos dias depois do voto pelo Brexit, um membro do Centro de Cooperação Internacional da Universidade de Nova York disse a mesma coisa para revista *Foreign Policy*. "Já é hora de as elites se revoltarem contra as massas ignorantes", lia-se na manchete[284]. De acordo com ele, nosso tempo se divide entre "os sãos e os furiosos irresponsáveis", e no momento os furiosos irresponsáveis estão vencendo.

Aí está, preto no branco: os esclarecidos têm que recuperar o poder de decisão que as massas lhes tiraram; a nobreza do século XXI deve recuperar o poder tomado pela porcalhada. Esse tipo de elitismo não é só papo-furado. Foram tomadas atitudes que, se bem-sucedidas, teriam de fato representado uma revolta das elites contra as massas. No Reino Unido, o *establishment* tentou anular os votos pelo Brexit e organizar um segundo plebiscito. Nos Estados Unidos, Trump era descrito pelo clérigo acadêmico e político como um presidente ilegítimo, eleito por meios ilegítimos e, portanto, um governante falso. Nos últimos sete anos, houve momentos em que parecia mesmo que a democracia seria derrubada. Estamos o tempo todo à beira do cancelamento nesta era da cultura do cancelamento: o cancelamento da democracia e, por consequência, da própria liberdade.

Porque a verdade é que qualquer tentativa de enfraquecer a democracia é uma tentativa de enfraquecer aquilo que torna a democracia possível e *real* – a liberdade de expressão. O sentimento

---

283. *Foreign Policy*, 10 de novembro de 2016.
284. *Foreign Policy*, 28 de junho de 2016.

antidemocrático representa uma das maiores erosões da liberdade de expressão possível porque despreza a convicção basilar da liberdade de expressão – isto é, a de que as pessoas, da nobreza à porcalhada, da elite aos presuntinhos, são inteligentes o bastante para avaliarem informações e ideias e decidirem quais são boas e quais são ruins. Ao desprezar essa fé na Humanidade e compreender as pessoas como se elas fossem facilmente manipuladas por atores mal-intencionados, os vigilantes da democracia prejudicam não apenas a democracia como também a liberdade.

O medo que o nosso tempo sente dos presuntinhos, o medo de que a emoção prevaleça sobre o conhecimento, se baseia na crença de que às pessoas falta profundidade moral e política para conseguir entender as mentiras dos poderosos. O Brexit é obra de "lobistas e milionários" que estavam "intencionalmente manipulando a imprensa e a opinião pública", disse um deputado trabalhista em 2017[285]. É uma tragédia para a "democracia liberal", disse um articulista do *Observer*, "o fato de argumentos demagógicos terem tanta ressonância"[286]. Nick Cohen atacava os "apoiadores ingênuos" do "nacionalismo demagógico"[287]. Na verdade, a multidão ignara é ainda pior do que o demagogo mal-intencionado que a explora, disse Cohen: "Você não deveria ter medo dos mentirosos compulsivos. Eles são inofensivos se ninguém lhes der ouvidos. Os que creem compulsivamente, porém, deveriam lhe dar medo. Afinal, são eles que estimulam os mentirosos. O voto deles dá poder ao demagogo. A confiança deles transforma um charlatão num presidente. A credulidade deles garante que a propaganda dos fanáticos semirracionais e semiloucos possa mudar o mundo"[288]. O resultado final da ignorância colossal dos

---

285. *Guardian*, 17 de abril de 2017.
286. *Observer*, 20 de novembro de 2016.
287. *Observer*, 24 de setembro de 2016.
288. *Observer*, 5 de fevereiro de 2017.

crédulos, dos idiotas, do *povo*, é "um estilo fascista pós-moderno", disse Cohen: "o fascismo com uma piscadela e um sorrisinho malicioso permanentes no rosto".

Esse medo sem sentido diante dos terrores impostos sobre o mundo pela hesitação moral das massas não é novo. A ideia da multidão como um ente perigosamente tolo baseia o desprezo elitista pela democracia desde o surgimento da ideia de democracia. Platão (c. 427-c. 347 a.C.) achava que a democracia tendia a prejudicar o conhecimento necessário para se administrar um Estado. Na Inglaterra de meados do século XVII, Marchamont Nedham (1620-1678), um conselheiro de Oliver Cromwell (1599-1658), reagiu à ideia de Levelles de expandir a democracia descrevendo as massas como "uma multidão rude" que é "tão brutal que agem sempre no extremo da gentileza ou da crueldade, sendo incapaz de raciocinar e marcada pela violência em todas as suas ações, desrespeitando tudo o que é sagrado e civilizado [...]"[289]. Em resumo, sentimental demais. Cento e cinquenta anos mais tarde, enquanto a França vivia sua revolução, tivemos o imbróglio de Burke com a porcalhada. Cinquenta anos depois disso, na década de 1840, um dos principais argumentos da elite contra a luta dos cartistas pelo direito ao voto dos trabalhadores foi o de que os operários estavam mais sujeitos à demagogia, "mais expostos do que qualquer outra classe na comunidade a se deixarem levar pela corrupção e se converterem aos extremos do grupo"[290]. E anos mais tarde, quando as mulheres exigiram o direito ao voto, os chamados especialistas insistiram em dizer que "mulheres são sentimentais e o governo pela emoção se transforma rapidamente em injustiça"[291].

---

289. *Spiked*, 29 de novembro de 2016.
290. *Spirit of the Metropolitan Conservative Press*, v. 1, 1840.
291. LEE, Alison (ed.). *Suffragette Sally*. Broadview Press, 2008.

Hoje, apesar de a nossa sociedade pagar pedágio para a ideia de igualdade, ainda ouvimos dizer que as pessoas são movidas pelo "preconceito e emoção", são moralmente crédulas e facilmente exploradas por pilantras, de modo que não conseguem tomar decisões políticas com base na razão. O argumento contra a democracia permaneceu o mesmo ao longo do tempo, desde a Antiguidade até a Era do Woke, passando pela Era das Revoluções.

Hoje, na nossa sociedade de massa, predomina a ideia do eleitor como um ser assustadoramente maleável e voluntariamente manipulável pela máquina moderna de publicidade, memes e o massacre incessante das mensagens virtuais. Morris Ginsberg (1889-1970), um sociólogo britânico do século XX, argumentava que "a ignorância política das massas e sua ingenuidade" estavam sendo o tempo todo reforçadas pela "existência de um maquinário extremamente desenvolvido de sugestionamento constante e cumulativo"[292]. Essa ideia do homem democrático como vítima desse maquinário, levado à ação irracional por forças que estão além do controle dele, existe de alguma forma há muito tempo, claro. A máquina que manipula pode mudar com o tempo, mas o desprezo pelo alvo dessa máquina é constante. Marchamont Nedham achava que discursos eloquentes amenizariam o lado bruto das massas. No final do século XVIII, eram os panfletos revolucionários que iam corromper as almas dos homens. Como diz ironicamente Daniel Isaac Eaton, "antes que a diabólica arte da impressão surgisse entre os homens, havia ordem social". Ninguém questionava a "sabedoria infalível" dos "príncipes e sacerdotes"[293]. No começo do século XX, dizia-se que a imprensa

---

292. FUREDI, Frank. *Democracy Under Siege: Don't Lock It Down!* John Hunt Publishing, 2021.
293. EATON, Daniel Isaac. *The Pernicious Effects of the Art of Printing on Society, Exposed.* 1794.

popular é que manipulava o pensamento e danificava o bom senso, esmagando "tudo o que é diferente, tudo o que é excelente, único e qualificado", nas palavras do filósofo espanhol Jose Ortega y Gasset (1883-1955)[294].

Hoje os vilões são a Internet e seus facilitadores neoliberais; eles é que são vistos como os ditadores dos pensamentos e dos votos do povo. Como disse Carole Cadwalladr no *Observer* em 2017, "uma soturna operação mundial envolvendo as empresas de tecnologia, os amigos bilionários de Trump e as forças dispersas que defendiam a saída do Reino Unido da União Europeia influenciaram o resultado do plebiscito"[295]. Somos massinha de modelar nas mãos dos malvados.

O medo da máquina de manipulação – um discurso público, um panfleto impresso, uma campanha de *marketing*, a "desinformação" na Internet – realmente se comunica com o medo daqueles que estão sendo manipulados. Esqueça os mentirosos e crédulos compulsivos, como escreveu Cohen. O "pânico das elites em relação às forças do controle demagógico é proporcional à opinião que elas têm do povo como um ente suscetível ao controle. Agora mesmo, em meio à ascensão do populismo, o medo que as elites têm da imprensa de massa nada mais é do que uma extensão do medo que elas sentem das massas. As inverdades da imprensa só as preocupam porque elas menosprezam a capacidade do homem comum de lidar com as inverdades.

O argumento dos antidemocratas, antes e agora, é o de que seria melhor se a sociedade fosse governada pelos detentores do conhecimento. Pelo rei-filósofo de Platão ou pelo "espírito do cavalheiro" de Burke ou pelos especialistas com PhD de hoje em dia. Por qualquer um menos os porcos ou presuntinhos. Qualquer

---

294. ORTEGA Y GASSET, José. *A Rebelião das Massas*. WW Norton & Company, 1994.
295. *Observer*, 7 de maio de 2017.

um menos nós. A resposta tem que ser negativa. Primeiro porque não é assim que a democracia funciona. Como diz David Runciman, se você quer "o governo dos esclarecidos", defenda isso com argumentos. A isso se dá o nome de epistocracia, não de democracia. E é "o oposto da democracia", diz Runciman, "porque a epistocracia argumenta que o direito de participar da tomada de decisões depende de você saber ou não o que está fazendo". Continua ele: "você tem voz porque precisará conviver com as consequências do que faz"[296]. Os que querem o governo dos especialistas, a jurisdição dos tecnocratas, deveriam ser capazes de defender isso e chamá-lo por seu nome – não é "uma democracia melhor" nem uma "democracia esclarecida"; é epistocracia, o contrário da democracia.

O segundo motivo para rejeitarmos o governo dos esclarecidos é ainda mais importante. É porque a democracia não é um meio para um fim. Não é apenas um mecanismo para se alcançar aquilo que alguém disse – às vezes equivocadamente – que é a melhor forma de administrar a sociedade. Não, a virtude da democracia está na sua capacidade de levar as pessoas a pensarem e falarem sobre os temas de maior importância. A graça da democracia não está nos seus resultados – alguns bons, como o Brexit, e outros questionáveis, como aquele terceiro mandato de Tony Blair –, e sim no seu exercício. A democracia nos convida a encontrar formas de nos fazermos ouvir, de ouvirmos os outros e de fazermos avaliações morais de tudo o que absorvemos. A democracia pede que nos levemos a sério, que levemos as ideias a sério e que entremos na esfera pública como cidadãos. Sim, no fim, o processo democrático pode transformar a sociedade – novamente o exemplo é o Brexit – e esse efeito transformador da democracia sobre os que se envolvem nela é o que importa. A democracia exige que tomemos decisões e

---

296. *Guardian*, 1º de maio de 2018.

assumamos a responsabilidade por essas decisões. Às vezes fazemos a escolha certa, às vezes a errada – é o ato de *tomar decisões* o que importa. A democracia fortifica nossa musculatura moral, torna real nosso papel de cidadãos e une as pessoas numa sociedade de escolhas. A democracia dá vida e sentido à liberdade do indivíduo de pensar e tomar decisões por si mesmo, e aos laços e conexões que transformam a sociedade, antes um lugar que apenas habitamos, num mundo que moldamos e possuímos e governamos.

John Milton entendia isso. Milton confiava no uso da razão. Quando Deus deu a capacidade de raciocinar a Adão, escreveu ele, "Ele lhe deu a liberdade de escolher, porque a razão nada mais é do que a capacidade de fazer escolhas". A heresia é uma escolha também. Daí é que vem a palavra. "Ortodoxia" vem do grego e significa "crença correta"; "heresia" vem do grego e significa "escolha de crença". Esse continua sendo o medo das elites antidemocráticas – nossa capacidade de escolhermos nossas crenças e o caminho político que trilharemos. Ao herege cabe continuar defendendo a possibilidade da escolha, uma vez que "a razão é a capacidade de fazer escolhas" quanto ao pensar e ao agir no mundo, e à forma como ele vê o destino político do seu país. Porcos, continuem lutando pelos direitos dos suínos.

CAPÍTULO 6

HUMILHAÇÃO BRANCA

Você se lembra do verão da humilhação branca? Era 2020. Ele se seguiu ao assassinato de George Floyd por um policial de Minneapolis, no dia 25 de maio. Os Estados Unidos irromperam em fúria. Houve protestos ao redor do mundo. E uma característica fundamental de tudo isso foi o autodesprezo. Foi como se um novo tipo de histeria religiosa tivesse tomado de assalto a sociedade ocidental. Os brancos se ajoelharam, confessaram o pecado do privilégio, choraram os crimes de seus ancestrais. "Arrependa-se! Arrependa-se!", era o clamor. Literalmente. "Lamente-se, arrependa-se e peça desculpas pelos preconceitos e pelo racismo", sugeria o Exército da Salvação para os brancos caídos do Cristianismo[297]. Foi uma orgia de autoflagelação. E um dos exemplos mais marcantes do que pode acontecer quando o conformismo supera a razão.

Para onde quer que você olhasse em 2020, havia pessoas pedindo desculpas pela mancha moral de sua branquitude. Em junho daquele ano, em Houston, um grupo de brancos literalmente se ajoelhou diante de alguns negros, rezando: "Pai, pedimos desculpas aos nossos irmãos e irmãs negros pelos anos e mais anos de racismo!"[298]. Religiosos também se envolveram no ritual. "Os cristãos brancos têm de buscar o arrependimento",

---

297. *Denver Gazette*, 27 de novembro de 2021.
298. *Faithfully Magazine*, 8 de junho de 2020.

lia-se num veículo de comunicação batista[299]. Robert P. Jones, autor do reveladoramente intitulado *White too long: the legacy of white supremacy in american christianity* [*Branco demais: o legado da supremacia branca no cristianismo norte-americano*], convocou os "cristãos brancos" a "começarem a pensar sobre reparação e arrependimento"[300]. Arrependa-se, arrependa-se!

Nós, "cristãos brancos", temos de "nos arrepender de nossos preconceitos", disse ninguém menos do que o Arcebispo de Canterbury, Justin Welby. Welby levou a cabo seu clamor pelo fim das transgressões da branquitude ao anunciar, em 2021, que a Igreja da Inglaterra mancharia todas as congregações da Terra ao menor sinal de racismo. Todas as 12.500 paróquias e 42 catedrais da Igreja da Inglaterra foram instruídas a escrutinar as construções em busca de "referências históricas à escravidão e colonialismo". "Algumas estátuas e monumentos terão de ser derrubados", disse ele[301]. Um exorcismo racial, se você preferir, expulsando o diabo dos crimes históricos dos brancos das igrejinhas atuais.

Os ateus entre os brancos também se arrependeram. Eles talvez não rezassem nem lamentassem, mas se ajoelharam e prestaram reverência. Ajoelhar-se era a moda em 2020 e 2021. Tudo começou com o jogador de futebol americano Colin Kaepernick em 2016. Ele se ajoelhava durante a execução do hino nacional norte-americano antes dos jogos, em sinal de protesto contra a brutalidade policial. Mas o gesto realmente ganhou força em 2020, rapidamente deixando de ser um símbolo de coragem dos negros para se transformar num gesto de mortificação branca. Todos, de CEOS de bancos milionários a políticos como Keir Starmer, se ajoelhavam à moda do movimento Black Lives Matter. Os

---

299. *Baptist News Global*, 17 de março de 2021.
300. *Idem*.
301. *Guardian*, 9 de maio de 2021.

que se recusavam a se ajoelhar eram acusados de ainda estarem contaminados pela mentalidade supremacista branca. Quando os torcedores ingleses vaiaram os jogadores por se ajoelharem, um comentarista criticou o comportamento "vergonhoso e prejudicial". Esses "racistas orgulhosos e sem compaixão", dizia ele[302]. Ajoelhe-se e você será bom. Não se ajoelhe e você é malvadão. Você é perigoso também. O sacrilégio de se recusar a esse gesto poderia ter "um impacto profundo no bem-estar dos atletas negros", declarou o *Lancet*[303].

O fato de se ajoelhar ter se transformado numa amostra suplicante de humilhação branca ficou claro depois que todos os que ousavam descrever o gesto dessa forma eram instantaneamente calados. Quando o ex-secretário das Relações Exteriores do Reino Unido Dominic Raab disse que jamais se ajoelharia porque o gesto "é um símbolo de submissão e subordinação", ele foi acusado de blasfêmia. Ele é "uma vergonha para o país", disse um ex-parlamentar. Ele tem que divulgar uma nota "pedindo desculpas", disse o líder dos democratas liberais[304]. Arrependa-se de suas palavras brancas pecadoras.

Alguns procuraram não a Deus, e sim a psicologia para explicar as deformidades morais da branquitude capazes de fazer alguém se recusar a fazer algo tão simples quanto se ajoelhar. Antes de 2020, durante a controvérsia envolvendo Kaepernick, a revista *Scientific American* disse que "pessoas poderosas" não são boas em "expressarem empatia pelos outros" e "estão mais sujeitas a ignorar sutilezas individuais no comportamento". Assim, não é de se surpreender que fãs de esporte brancos – pessoas poderosas, aparentemente – tenham "entendido errado o sentido de

---

302. *Guardian*, 6 de junho de 2021.
303. *Lancet*, outubro de 2021.
304. *Guardian*, 18 de junho de 2020.

se ajoelhar"[305]. Não só as nossas almas devem ser salvas; nossas mentes também.

Uma das coisas mais assustadoras no culto do auto-ódio branco foi a coletivização da culpa pelo assassinato de George Floyd. Não foi apenas o policial branco chamado Derek Chauvin o culpado pelo crime horrível, e sim todos os brancos. "América branca, se você quer saber quem é responsável pelo racismo, olhe-se no espelho", escreveu um articulista do *Chicago Tribune*. Aparentemente os brancos tiram proveito de atrocidades como a cometida por Chauvin ao matar Floyd porque são "esses indivíduos e sistemas racistas o que os mantêm no topo da hierarquia[306]. Uma articulista do *Time*, pouco depois da morte de Floyd, descreveu o supremacismo branco como uma doença que "entra e atravessa suas vidas, corações, mentes e espaços", escreveu ela[307]. A branquitude passou a ser vista como uma doença, como uma praga. Um texto publicado no periódico *American Psychologist* analisava a "pandemia" de branquitude. Os "patógenos da pandemia de branquitude" são "inexoravelmente transmitidos dentro das famílias", lia-se. "Pais brancos funcionam como vetores para os filhos, a não ser que tomem medidas preventivas baseadas no antirracismo e na promoção da equidade", continuava o texto[308]. O racismo é transmissível pelo ar. Você tosse e ele se espalha e contamina sua prole. É a praga dos subúrbios.

Em pouco tempo, o racismo estava sendo discutido como se fosse a Covid-19, como uma doença que ameaça contaminar todo o mundo ocidental. Durante o verão da humilhação branca, líderes estaduais e municipais de todos os Estados Unidos declararam o

---

305. *Psychology Today*, 29 de setembro de 2017.
306. *Chicago Tribune*, 1º de junho de 2020.
307. *Time*, 1 de junho de 2020.
308. *American Psychologist*, 2022.

racismo como "uma crise de saúde pública"[309]. Na *Lancet* de abril de 2021, Kehinde Andrews argumentava que "a hierarquia da supremacia branca gera uma distribuição ainda mais desigual de recursos", incluindo aí o sistema de saúde[310]. O racismo é a doença branca que afeta os corpos negros. Uma manchete do jornal *Guardian* resumia essa nova visão do racismo como uma praga: "O racismo não é só injusto. Ele está nos adoecendo"[311].

Enquanto os fiéis espirituais da religião da humilhação branca pediam arrependimento, os seculares propunham uma purificação psicológica da doença. Nos escritórios e escolas e universidades, foi montado todo um aparato para corrigir a branquitude. O grupo Feminismo Cotidiano, por exemplo, oferecia um curso de três dias para curá-lo de sua "supremacia branca internalizada", chamado "Curando a Sua Branquitude Internalizada"[312]. Nos Estados Unidos, o grupo Branquitude no Trabalho dá consultoria a empresas para ensinar a "romper com a cultura de dominação branca"[313]. "Três maneiras de seus funcionários se oporem à branquitude no escritório", lia-se num periódico de negócios[314]. A Coca-Cola sujeitou seus funcionários a um programa de treinamento que os ensinava, entre outras coisas, a "ser menos branco" – isto é, "menos ignorante, menos opressor"[315]. Os funcionários brancos da AT&T eram aconselhados a "confessar seu privilégio branco"[316]. Em outras palavras, confessar seus pecados.

---

309. American Public Health Association.
310. *Lancet*, 10 de abril de 2021.
311. *Guardian*, 26 de julho de 2020.
312. Healing from Internalized Whiteness, Everyday Feminism.
313. whitenessatwork.com.
314. *Business Insider*, 29 de novembro de 2021.
315. *Independent*, 24 de fevereiro de 2021.
316. *Daily Mail*, 29 de outubro de 2021.

O "treinamento de diversidade" se transformou numa indústria lucrativa. Estima-se que as empresas norte-americanas gastem US$ 8 bilhões com essas iniciativas todos os anos. A moda da reeducação racial, que na verdade é uma terapia de correção da branquitude, levou ao surgimento de algumas empreitadas realmente bizarras. Por exemplo, a Race to Dinner, na qual norte-americanas progressistas brancas pagavam US$ 2.500 para especialistas em raça jantarem com elas e falarem sobre seu "racismo inconsciente". "Se você fizesse isso numa sala de reuniões, essas mulheres iriam embora", diz uma das organizadoras do evento. "Mas as mulheres brancas ricas foram ensinadas a jamais abandonar a mesa do jantar"[317]. Aí é que o credo secular do "antirracismo" se confronta com a *vibe* mais religiosa do pânico branco. É como A Última Ceia do auto-ódio. Pagar milhares de dólares para educadores racialistas é algo que se assemelha às indulgências da Idade Média, quando os ricos davam dinheiro para a Igreja ou instituições de caridade para reduzir os castigos por seus pecados. Só que hoje é pela transgressão da branquitude, e não pela transgressão contra o Mundo de Deus que as pessoas pagam e imploram para serem absolvidas.

As consequências do assassinato de Floyd foram diferentes de tudo o que o mundo ocidental já viu. Os protestos e manifestações talvez tivessem alguma semelhança com os tumultos raciais de antigamente, mas as similaridades terminam aí. Enquanto os protestos do passado, como os de Chicago em 1919 ou a Watts Rebellion de 1965, expressavam raiva, o evento Floyd e a loucura que se seguiu a ele estavam mais preocupados com a culpa, a cumplicidade e a humilhação dos brancos. Enquanto as revoltas do passado expressavam a frustração diante da lentidão da mudança *estrutural* – na habitação, mercado de trabalho e legislação pelos

---

317. *Guardian*, 3 de fevereiro de 2020.

direitos civis –, os envolvidos no caso Floyd estavam mais preocupados com a mudança *terapêutica*, sobretudo na cura da doença psicológica dos brancos. E enquanto as brigas de rua históricas se baseavam na crença na igualdade racial – a Watts Rebellion, por exemplo, foi em grande medida alimentada pela raiva quanto à segregação na habitação –, a era pós-Floyd se deleita com a diferença racial. A crença de que um abismo enorme hoje separa as raças foi resumida por um articulista do *Time*, que temia que a consequência da tragédia seria "o silêncio branco e a dor negra, *talvez para sempre*" (grifo meu). Por quê? Por causa da "cegueira até dos brancos bons, que são incapazes de perceber que são agentes involuntários da supremacia branca"[318].

Esse fatalismo, essa convicção assustadora de que brancos e negros vivem em conflito de interesses, confirmava que isso não era o antirracismo como o conhecíamos. Não era uma expressão daquela crença nobre e esperançosa de que um dia criaríamos uma sociedade na qual a raça não importaria, na qual o caráter da pessoa contaria mais do que a cor de sua pele. Não, o caso Floyd representou o entrincheiramento e até a globalização de algo diferente, o que podemos até chamar de "o oposto do antirracismo" – o *identitarismo*. Esse racialismo eterno, essa religião que exige um arrependimento branco interminável para pôr fim à dor dos negros, é uma das bases da atual cultura da intolerância. Questione-a por sua própria conta e risco.

O racismo, nessa nova roupagem, não é apenas uma ideologia perniciosa. Não é apenas a incapacidade de uma sociedade de criar igualdade verdadeira a todos, independentemente de sua ancestralidade. Não, é um pecado original. É a natureza maculada do Ocidente. É a marca hereditária das sociedades de maioria branca, sobretudo nos Estados Unidos. Nos tumultos que se

---

318. *Time*, 1 de junho de 2020.

seguiram à morte de Floyd, uma articulista da *Slate* disse que era preciso se ater à escravidão, porque ela era o "pecado original" dos Estados Unidos. O racismo é "o pecado basilar, original" dessa nação, disse ela[319].

Isso reflete a visão do teólogo e ativista norte-americano Jim Wallis, no livro *America's original sin: racism, white privilege and the bridge to a new America* [*O pecado original da América: racismo, privilégio branco e a ponte para a nova América*].

> O racismo histórico contra os povos originários da América e os africanos escravizados foi, sim, um pecado, e um pecado sobre o qual este país foi fundado,

argumentava Wallis[320]. Essa parábola do mal herdado, do pecado passado de geração a geração, dos primeiros brancos aos brancos de hoje, era frequentemente repetida durante os tumultos de 2020. "Brancos herdaram a casa da supremacia branca, construída por seus ancestrais e dadas por herança a eles", escreveu um articulista[321]. O racismo, pois, é semelhante a um gene deficiente, um gene encontrado em todos os brancos e que atravessa gerações.

Os intelectuais se esforçaram para caracterizar oficialmente os Estados Unidos como um país fundado com base no pecado. O Projeto 1619, uma campanha jornalística encabeçada por Nikole Hannah-Jones e o jornal *New York Times*, pretende "recontar a história do país pondo as consequências da escravidão e as contribuições dos afro-americanos no centro da narrativa nacional dos Estados Unidos"[322]. Isto é, o projeto quer que as pessoas considerem que o país nasceu em 1619, depois que os primeiros africanos

---

319. *Slate*, 2 de junho de 2020.
320. WALLIS, Jim. *America's Original Sin: Racism, White Privilege, and the Bridge to a New America*. Baker Publishing Group, 2015.
321. *Time*, 1º de junho de 2020.
322. 1619 Project, *New York Times Magazine*.

escravizados chegaram à Virgínia, e não em 1776, quando da divulgação da Declaração de Independência, durante a Revolução Norte-Americana. Trata-se de reimaginar os Estados Unidos como um país nascido do mal, e não da revolução, de um crime, e não da democracia. Eles querem marcar os Estados Unidos com o pecado, de modo que todos o vejam. Algumas pessoas na verdade levaram a cabo tal empreitada medieval durante os tumultos de 2020. Basta ver a derrubada de uma estátua de George Washington (1732-1799) em Portland, em junho 2020, e a pichação com aquela data pecaminosa: 1619[323].

A ideia do racismo como uma doença hereditária se comunica com o fatalismo profundo das novas elites. Na verdade, estamos bem distantes da luta pelos direitos civis. De fato, um dos mais celebrados autores racialistas da atualidade, Ta-Nehisi Coates, renega explicitamente a visão de mundo de Martin Luther King (1929-1968). "O arco do universo moral é longo, mas se curva em direção à justiça", disse MLK. Coates discorda: "Entendo o universo como algo físico e seu arco moral tende ao caos"[324]. Coates busca destruir a ideia do Sonho Norte-americano. Ele escreve sobre os "sonhadores" – aqueles que buscam realizar o Sonho Norte-americano de trabalho, felicidade, vida familiar e liberdade. É improvável que essas pessoas um dia acordarão para os horrores raciais da nação, diz ele. "Você não pode organizar sua vida ao redor deles e da chance diminuta de que os Sonhadores um dia despertarão. Nosso tempo é breve. Nossos corpos são preciosos demais"[325].

Coates costuma ser comparado com James Baldwin (1924-1987), apesar de lhe faltar o otimismo moral de Baldwin. Baldwin não hesita em analisar as injustiças raciais em sua obra mais

---

323. Oregon Public Broadcasting, 19 de junho de 2020.
324. COATES, Ta-Nehisi. *Between the World and Me*. Spiegel & Grau, 2015.
325. Idem.

conhecida, *Da Próxima Vez, o Fogo* (1963). Mas ele mantém a crença num futuro mais livre. Os negros deveriam tentar "tornar os Estados Unidos aquilo que o país deve ser", escreveu[326]. Coates, por sua vez, vê a mudança como algo impossível ou sem sentido, porque as divisões raciais nos Estados Unidos não são uma falha, e sim uma característica imutável da República. "Nos Estados Unidos, é uma tradição destruir o corpo negro – *é uma herança cultural*", escreve ele. Aí está mais uma vez a ideologia do mal herdado, de um pecado tão enorme e tão entranhado que não pode ser superado por ninguém.

A visão deprimente de um país imune à redenção vai totalmente contra o que pensava o movimento pelos direitos civis. Como diz um dos críticos de Coates, "ele enfatiza repetidas vezes a permanente aparência das injustiças raciais nos Estados Unidos, a tolice de acreditar que uma pessoa pode fazer a diferença e os perigos de se acreditar no Sonho Norte-americano"[327]. Bem diferente da inabalável fé de Martin Luther King nos Estados Unidos e em sua promessa de liberdade. Nas palavras de Elisabeth Lasch-Quinn, King "apelava constantemente para a ideia dos direitos e dignidade universais". A ênfase que ele dava ao caráter não era só porque o caráter é uma medida mais racional do que a cor da pele, e sim porque o caráter traz em si "conotações de autodisciplina e obrigação para com o bem comum", diz Lasch-Quinn[328]. King acreditava que o caráter de um homem é o que o torna apto a ser incluído na vida da república norte-americana. Ele convocava os norte-americanos a "tornarem reais as promessas da democracia". Essas promessas estavam expressas, dizia ele, "nas palavras magníficas da Constituição e da Declaração de Independência", que anunciavam que "todos

---

326. BALDWIN, James. *The Fire Next Time*. Dial Press, 1963.
327. *New York Times*, 17 de agosto de 2015.
328. LASCH-QUINN, Elisabeth. *Race Experts: How Racial Etiquette, Sensitivity Training, and New Age Therapy Hijacked the Civil Rights Revolution*. Rowman & Littlefield, 2003.

os homens, sim, negros e brancos, teriam garantidos os direitos inalienáveis à vida, à liberdade e à busca da felicidade". Na Marcha de Washington, em 1963, King invocou "a obrigação sagrada do povo norte-americano de se levantar e viver de acordo com o sentido real de seu credo – consideramos essa verdade autoevidente, a de que todos os homens são criados iguais"[329].

Essa era a "incansável lógica moral" da visão de mundo de King, diz Lasch-Quinn – a de que o segredo para a liberdade dos negros está nos valores universais entranhados nas instituições e nas ideias da república norte-americana. O fatalismo do que se passa por "antirracismo" hoje em dia é um universo moral bem distante disso. Em vez de se inspirar na Declaração de Independência, os ativistas raciais de hoje buscam tirá-la de seu lugar privilegiado na história, transformando a chegada dos escravos, em 1619, na verdadeira origem dos Estados Unidos. Em vez de lutar com base na crença fundadora de que todos os homens têm direito à vida, liberdade e busca pela felicidade, a geração Black Lives Matter amaldiçoa os Estados Unidos como um país nascido em meio ao erro moral mais grave e que provavelmente se manterá maculado assim para sempre. Como diz Coates, o racismo nos EUA se comporta quase como "uma força da natureza", uma expressão simples das "leis físicas do mundo"[330].

E em vez de lutar para superar o racialismo, para finalmente substituir as avaliações com base na raça pelas avaliações com base no caráter, os ativistas moralmente corrompidos de hoje veem a raça como uma prisão perpétua. *"O silêncio dos brancos e a dor dos negros, talvez para sempre"*. Eles consolidam o novo pensamento racial,

---

329. LASCH-QUINN, Elisabeth. *Race Experts: How Racial Etiquette, Sensitivity Training, and New Age Therapy Hijacked the Civil Rights Revolution.* Rowman & Littlefield, 2003, 107 White Shame.
330. COATES, Ta-Nehisi. *Between the World and Me. Op. cit.*

categorizando os negros como pessoas "sofridas" e os brancos como pessoas caladas, cúmplices e psicologicamente deficientes. Tanto a psicologização do racismo como "uma pandemia de branquitude" e a mistificação dele como um "pecado original" expressa uma convicção distópica assustadora de que o racismo nos Estados Unidos é um tumor inoperável, uma característica permanente da experiência humana.

O que estamos vendo não é uma nova versão da era dos direitos civis, e sim uma *subversão* daquela mentalidade. "Dos direitos civis ao Black Lives Matter", lia-se nos jornais em 2020, com analistas dizendo que a fúria pós-Floyd era herdeira das marchas em Washington e Selma[331]. Na verdade, o BLM e sua política antidemocrática representa uma revolução cultural *contra* a era dos direitos civis, um golpe brutal contra o universalismo que King e outros tentaram tornar "concreto, amplo e atraente"[332]. O BLM não está enfrentando a influência do pensamento racial na sociedade humana. Ele o está restaurando de acordo com a linguagem imperdoável do politicamente correto.

Na verdade, muitos no campo "antirracista" atual deslegitimam abertamente o discurso mais famoso de King: "Eu tenho um sonho de que meus quatro filhos um dia viverão num país onde eles não serão julgados pela cor de sua pele, e sim pelo seu caráter". Hoje, esse antirracialismo moral, esse desejo de ultrapassar totalmente as categorias raciais, é visto como racismo. Um guia para o "Reconhecimento de Microagressões" publicado pela Universidade da Califórnia (UCLA) há alguns anos, disse que "não reconhecer raça" é uma microagressão racial. Se você se recusa a reconhecer as experiências das pessoas como um "ser racial/cultural", você

---

331. *Scientific American*, 2 de fevereiro de 2021.
332. LASCH-QUINN, Elisabeth. *Race Experts: How Racial Etiquette, Sensitivity Training, and New Age Therapy Hijacked the Civil Rights Revolution. Op. cit.*

é uma pessoa problemática. Entre os exemplos que a cartilha dá para as microagressões estão frases como "Quando olho para você, não vejo sua raça", "Só existe uma raça: a raça humana" e "Não acredito em raça". Hoje o verdadeiro racismo está em se recusar a se submeter à ideologia racialista, em se recusar a ver as pessoas como "seres raciais"[333].

Na University of Wisconsin-Stevens Point, pessoas que dizem que "não querem reconhecer a raça" ou que se dizem "imunes às raças" são vistas como microagressivas[334]. Um "guia de terminologia inclusiva" da Universidade do Missouri reconhecia que o ideal da "cegueira racial teve origem na legislação dos direitos civis", mas ainda assim dizia que não ver raça costuma ser uma forma de "tirar poder de pessoas para as quais a identidade racial é uma parte importante de quem elas são"[335]. Vários analistas hoje insistem em dizer que essa coisa de tentar superar o olhar racial, o pensamento racial, é moralmente errado. "Não ver raça é contraproducente", lia-se numa manchete da *Atlantic*[336]. Heather McGhee, autora de *The sum of Us: what racism costs everyone and how we can prosper together* [*A soma de todos nós: o custo do racismo e como podemos prosperar juntos*], diz que o problema de não se reconhecer a raça é que "uma pessoa que evite a realidade do racismo não fortalece os músculos necessários para se atravessar as tensões culturais ou para se recuperar de tropeços". Aparentemente a "negação da raça deixa as pessoas mal preparadas para agirem ou prosperarem numa sociedade diversa"[337]. Portanto você deve ver a raça e deve encarar o mundo de uma forma racial. Esqueça o caráter e foque na cor da pele.

---

333. *Reason*, 5 de agosto de 2015.
334. University of Wisconsin-Stevens Point, junho de 2015.
335. Apostila de diversidade do corpo eletivo, 17 de julho de 2015.
336. *Atlantic*, 13 de setembro de 2015.
337. *TED*, 3 de maio de 2021.

Gwendolyn R. Y. Miller, consultora de diversidade de instituições educacionais dos Estados Unidos, leva a revolução cultural contra a "cegueira racial" a uma conclusão lógica assustadora. Ela cita até a seguinte frase como microagressão: "O caráter, e não a cor da pele, é o que importa para mim"[338]. Foi praticamente isso o que Martin Luther King disse no Lincoln Memorial há 60 anos. Diante disso, somos obrigados a nos perguntar se MLK seria cancelado hoje em dia, excluído da academia e da sociedade por preferir julgar as pessoas pelo caráter, e não pela cor.

Essa nova ênfase na raça deu origem a novas formas de autoritarismo. A novas culturas de censura e até de controle do pensamento. Afinal, se as raças são mesmo mundos à parte – um moralmente doente e outro ameaçado pela doença moral –, então a única solução é criar um vasto aparato de relações raciais para tentar manter alguma aparência de paz social e decoro linguístico entre elas tribos humanas em conflito. E é isso o que tem acontecido. A indústria das relações raciais cresce desde os anos 1950. Frank Furedi, no livro *The silent war: imperialism and the changing perception of race* [*A guerra silenciosa: imperialismo e a mudança na percepção de raça*], descreve as relações raciais como "uma filosofia defensiva" adotada pelas elites anglo-saxãs depois da exposição da barbárie do racismo científico durante a Segunda Guerra Mundial[339]. No livro *Race experts: how racial etiquette, sensitivity training and new age therapy hijacked the civil rights revolution* [*Especialistas em raça: como a etiqueta racial, a educação para as sensibilidades e a terapia da nova era sequestraram a revolução dos direitos civis*], Lasch-Quinn investiga as teorias raciais e o ativismo pós-King, cujos líderes, em sua maioria, surgiram da cultura acadêmica e estavam mais

---

338. *Reason*, 5 de agosto de 2015.
339. FUREDI, Frank. *The Silent War: Imperialism and the Changing Perception of Race*. Pluto Press, 1998.

preocupados com a "saúde emocional" do que com a mudança estrutural. Ao reimaginar a opressão racial "em termos de atitudes incorretas ou emoções alienantes", esses radicais abriram caminho para a administração profissional das interações e discursos inter-raciais que invadiram os *campi* e escritórios e toda a vida pública, diz Lasch-Quinn.

O verão da humilhação branca, aquele momento estranho de fúria terapêutica, é mais bem visto não como uma revolta contra as elites, e sim como uma ala militante desse pensamento de elite. Como a imposição física dessas ideologias de microgerenciamento raciais que têm ganhado espaço no sistema anglo-americano há décadas. Assim como o avanço violento da perda da fé, por parte do clero político, nos ideais e adoção do universalismo e da dignidade humana em vez do credo misantrópico do fatalismo identitário e do controle racial.

A preocupação central do novo racialismo é a branquitude. O pânico moral em relação à branquitude praticamente ignora o antigo pânico moral do crime e da transgressão dos negros. A branquitude é hoje o maior problema dos senhores das relações raciais na nossa sociedade. É extraordinário notar como a palavra "branco" se tornou sinônimo de "problemático" ou "mau". Pense na expressão "branco demais". Você a vê por todos os cantos. Tom Perez, ex-presidente do Comitê Nacional Democrata, disse que New Hampshire era um estado "branco demais" para realizar as primárias nas eleições presidenciais[340]. A *New Republic* descreveu o Departamento de Justiça dos Estados Unidos como sendo "branco demais"[341]. Aqui no Reino Unido, um executivo da *BBC* admitiu que a série cômica *Monty Python's flying circus* provavelmente não

---

340. *New Boston Post*, 15 de fevereiro de 2021.
341. *New Republic*, 8 de fevereiro de 2021.

seria feita hoje porque era "branca demais"[342]. Sabemos bem o que "branco demais" significa – significa privilegiado, problemático e tóxico demais.

Na verdade, as palavras "tóxico" e "branquitude" geralmente são mencionadas juntas nesta nossa era de medo dos brancos. O *Independent* explica como uma pessoa pode "se curar de sua branquitude tóxica"[343]. Militantes políticos fazem listas de "progressistas brancos tóxicos"[344]. Existe ainda a "masculinidade branca tóxica", que combina os pecados da branquitude e da masculinidade, e que encontra seu melhor (ou pior) exemplo em Donald Trump[345]. Como já vimos, programas de desintoxicação da branquitude invadiram as empresas, todos criados para reeducar os brancos sobre os preconceitos e o mau comportamento que eles herdaram. Um dos maiores divulgadores da narrativa da toxicidade branca é Robin DiAngelo, escritora e uma bem-remunerada proponente dos treinamentos raciais nas empresas. "Todas as pessoas brancas recebem, absorvem e são influenciadas por mensagens racistas que continuam circulando pela sociedade em que vivemos", diz DiAngelo[346]. E qualquer pessoa branca que rejeite isso vive em negação. Essa pessoa estaria sofrendo de "fragilidade branca", diz DiAngelo, que é quando uma pessoa branca assume uma postura defensiva diante da sugestão de que o veneno da branquitude corre em suas veias. Isto é, quando elas ousam questionar a palavra do alto clero do racialismo, como a srta. DiAngelo, que insiste em dizer que elas pertencem a uma raça moralmente corrupta.

---

342. *Sun*, 20 de junho de 2018.
343. *Independent*, 23 de fevereiro de 2017.
344. *Buzzfeed*, 15 de dezembro de 2020.
345. GRIFFIN, Rachel Alicia. *Black Women's Intellectualism and Deconstructing Donald Trump's Toxic White Masculinity*. Routledge, 2018.
346. . DIANGELO, Robin. *Nice Racism: How Progressive White People Perpetuate Racial Harm*. Beacon Press, 2021.

Como têm dito alguns analistas, o movimento "antibranquitude" reforça a imaginação racista da mesma forma que aconteceria com uma volta do movimento "antinegritude". O diagnóstico fatalista dos brancos como esponjas que absorvem mensagens racistas e são programadas para absorver também sinais da cultura que os cerca, é outro golpe contra a visão pós-racial da era dos direitos civis. Ativistas como DiAngelo propõem "uma mensagem simples", diz Matt Taibbi – isto é, a de que "não existe essa coisa de experiência humana universal e não somos definidos por nossa personalidade individual ou por nossas escolhas morais, e sim pela categoria racial a que pertencemos[347]. Mais uma vez a prisão da cor se sobrepõe à liberdade do caráter.

A atual racialização intensiva da sociedade não apenas estraçalha os sonhos da década de 1960 – ela representa um ataque intelectual ao Iluminismo. Na verdade, boa parte da antibranquitude de hoje é na verdade um movimento anti-iluminista e antimodernidade disfarçado de política racial. Ao rebatizar fervorosamente todas as realizações intelectuais e culturais da era moderna como expressões da "branquitude", os novos ideólogos racialistas demolem, tijolo a tijolo, as conquistas do Iluminismo. Veja, por exemplo, o ataque à música clássica por sua "branquitude". O chefe do departamento de teoria musical da Juilliard recentemente disse que "já é hora de a branquitude da teoria musical ser analisada, criticada e remediada"[348]. Os críticos têm atacado a Quinta Sinfonia de Beethoven como símbolo da "superioridade e importância" dos homens brancos. Um articulista do *Washington Post* diz que o racismo "corre em meio às estruturas do mundo da música clássica". Estamos assistindo ao "pacto de suicídio da música clássica", diz Heather Mac Donald, à medida

---

347. OCPA, 26 de abril de 2021.
348. *City Journal*, Verão de 2021.

que mais e mais instituições "abandonam o cânone ocidental" para se livrarem da acusação de serem supremacistas brancos[349].

Pense também no pânico envolvendo os grandes museus do Ocidente. A Associação dos Museus do Reino Unido reclama da "branquitude oculta" dessas instituições, onde aparentemente se vê toda a história da Humanidade pelo olhar dos brancos[350]. Os museus da anglosfera estão repensando suas exposições a fim de compensar a "sobrecarga da branquitude"[351]. Enquanto isso, o "movimento decolonial" busca tirar a "branquitude" do ensino da literatura e da ciência. Os alunos de Yale exigiriam que o Departamento de Inglês "decolonizasse" seu curso de literatura e parasse de insistir que os alunos lessem Chaucer, Shakespeare e Milton. "É inaceitável que um aluno de Yale que pense em estudar literatura tenha de ler apenas autores brancos", disseram os alunos[352].

Algumas universidades do Reino Unido tiraram Shakespeare e Chaucer do currículo a fim de "livrar seus cursos do 'conhecimento branco, ocidental e eurocêntrico'"[353]. A ciência também está reconhecendo sua "branquitude". Como diz uma reportagem, "ultimamente tem havido vários pedidos para se 'decolonizar a ciência', ao ponto de se defender o fim da prática e a eliminação das descobertas da ciência contemporânea"[354]. Aparentemente, a obsessão da ciência moderna com a prova e a verdade é insuportavelmente branca. Ela não consegue incorporar a abordagem intelectual mais orgânica defendida por "sábios nativos e de outros grupos marginalizados"[355].

---

349. *Idem*
350. Museums Association.
351. *New York Times*, 27 de abril de 2022.
352. *Guardian*, 1º de junho de 2016.
353. *Daily Telegraph*, 27 de agosto de 2022.
354. *Conversation*, 5 de abril de 2018.
355. *This View of Life*.

Aqui, se passando por uma cruzada contra a doença da branquitude, uma parte da elite está expressando seu cansaço moral em relação à modernidade, sua fadiga em relação ao Iluminismo e seu fardo da razão e busca pela verdade. A antibranquitude contemporânea fala não apenas da erosão da fé da elite liberal no sonho do pós-raça; ela também é uma revolta contra a burguesia em si.

Quem perde com esse ataque à modernidade disfarçado de confronto radical da branquitude? Todos. Não apenas os brancos, mas também os negros. A *Humanidade*. Na verdade, a antibranquitude da elite é mais um insulto aos negros do que aos brancos. A ideia de que estudantes negros não foram feitos para ler Shakespeare e Chaucer, ou têm dificuldade com esses exemplos literários da branquitude histórica, é claramente racista. Ela implicitamente propõe que negros sejam excluídos do reino da grande literatura com base no argumento de que sua beleza e arte vai além da capacidade de entendimento deles, além de sua compreensão empírica. O retrato do pensamento científico como "branco" e até da Quinta Sinfonia de Beethoven como "branca" também exclui os não brancos desses reinos culturais com base no argumento de que eles não combinam com os negros. É algo moderno, ocidental e racional demais. E a ideia de que os negros "sofrem" e, por isso, precisam do arrependimento performático dos brancos para validar e aliviar essa dor, os transforma em pacientes, não em cidadãos; faz com que eles sejam mais uma vez vistos como seres humanos de uma categoria infantilizada especial cuja salvação terapêutica depende da conscientização dos verdadeiros protagonistas da sociedade contemporânea – os brancos.

Esse é o preço da humilhação branca. Essas são as consequências da racialização que as elites promovem de sua própria história e cultura a fim de que tenham uma justificativa para se afastarem (e nos afastarem) de tudo isso. Acabamos com o Iluminismo sendo visto como racismo; o desestímulo da educação dos negros; o distanciamento ainda maior entre as raças; e o cultivo de uma nova ordem moral na qual somos ensinados a ver os brancos como tóxicos e os negros como vulneráveis. Uma nova ordem moral na qual nossos pensamentos são policiados no trabalho a fim de que o purifiquemos do ódio internalizado. Na qual passamos a estranhar nossas interações na vida pública por causa da exigência de que pensemos mais na cor de pele do que no caráter das pessoas. Na qual todas as nações são habitadas por entidades agora consideradas pecadoras, estão maculadas pelos crimes da história e são lugares dos quais devemos nos sentir excluídos ou talvez até dos quais devemos sentir vergonha, e não lugares nos quais deveríamos nos sentir democraticamente conectados e moralmente envolvidos. É isso o que faz a nova ideologia de raça, e sobretudo o culto à antibranquitude, subcidadania, subigualdade e subcultura.

Nossa falta de vigilância permitiu que esse novo anti-humanismo prosperasse. Nossa incapacidade de enfrentarmos a política da antibranquitude e de perguntar quais eram as intenções dela, fez com que o racismo ressuscitasse. Não existe argumento melhor em defesa do livre pensamento e da liberdade de expressão do que o fato de que, na falta deles, na restrição a essas liberdades pelos racialistas que chamam qualquer dissidência de nomes ressentidos como "fragilidade branca", estamos vendo o retrocesso do progresso moral dos anos 1960 e o retrocesso do progresso cultural de toda a era moderna.

A maior heresia aos olhos dos gurus da correção racial de hoje é a ideia de uma *raça humana*. Daí a exigência deles de que a frase "só existe uma raça, a raça humana" seja tratada como microagressão, uma blasfêmia contra a conscientização racial[356]. O humanismo, quando expresso livremente e sem amarras, é a maior ameaça a eles, porque põe em risco o poder deles sobre

---

356. Columbia University.

a sociedade e a cultura, um poder que se baseia totalmente na divisão cínica que eles fazem da humanidade em categorias raciais que exigem reprimenda ou terapia, a depender da cor da pele. O universalismo é a kryptonita deles, a ideia que mais desafia o racialismo petrificado e o pressuposto de que eles detêm autoridade tecnocrata sobre as massas racializadas. Então vamos dar voz à heresia do humanismo. Vamos reforçar o apelo constante de King pelos direitos e dignidade universais.

Seria melhor que nos lembrássemos – e lembrássemos a eles – das maravilhas da cultura para toda a Humanidade, independentemente de raça. Foi no começo do século XX, em *The Souls of Black Folk* [As almas dos negros], que W. E. B. Du Bois refutou a ideia de que "pretos" como eles não combinavam com "o reino da cultura". Ele escreveu:

> Sento-me com Shakespeare e ele não reclama. Ultrapassando a raça, ando de braços dados com Balzac e Dumas [...]. Fora das trevas da noite que oscilam entre a terra sólida e a tapeçaria das estrelas, invoco Aristóteles e Marco Aurélio e qualquer alma que eu queira, e elas se aproximam graciosamente, sem desprezo nem condescendência [...]. Essa é a vida que você nos relega, ó nobre América?

CAPÍTULO 7

O AMOR QUE NÃO OUSA DIZER SEU NOME

Tendemos a pensar na censura acadêmica como uma maldição do nosso tempo. Como obra de *millennials* mimados, criados para acreditar que qualquer ideia ou fala que os ofenda deve ser exterminada. Como uma consequência do culto à autoestima típico do século XX, que diz que os jovens têm de proteger seus sentimentos da dor do pensamento alternativo por quaisquer meios necessários. Mas na verdade a intolerância acadêmica é antiga. As cruzadas intelectuais contra o que é profano e digno de objeção existem há décadas, ou melhor, há séculos. Na verdade, a primeira revista a publicar alguns dos versos mais famosos da poesia britânica foi uma das primeiras vítimas da repressão acadêmica, há cerca de 130 anos.

A revista era a *Chameleon*. O poeta era *Lord* Alfred Douglas (1870-1945). O verso era "Sou o amor que não ousa dizer seu nome"[357]. Esse lamento poético é hoje reconhecido como um eufemismo para a homossexualidade. *Lord* Douglas, conhecido como Bosie, foi amante de Oscar Wilde (1854-1900). Eles se conheceram em 1891, quando Douglas tinha 21 anos e estudava em Oxford, enquanto Wilde tinha 37 anos, era casado e pai de dois

---

357. DOUGLAS, Lord Alfred. "Two Loves", 1894

filhos. Eles começaram a ter um caso que acabaria por escandalizar Londres, levando posteriormente à queda de Wilde. No julgamento de Wilde pelo crime de homossexualismo, em 1895, no qual ele enfrentou 25 acusações de indecência, o poema de Douglas foi mencionado pela promotoria. A poesia foi usada como prova do caráter criminoso de Wilde, como prova do envolvimento dele com atos pecaminosos e amores ilícitos.

Mas antes mesmo da prisão e julgamento de Wilde, o poema de Bosie, bem como a revista que o publicou, fizeram com que os guardiões da moralidade da era vitoriana tivessem chiliques. A *Chameleon* era um periódico estudantil publicado na Universidade de Oxford em 1894. Era explicitamente *gay*, baseada nos princípios do amor grego, e com um subtítulo que fazia referência à amoralidade do conteúdo – *um bazar de possibilidades perigosas e divertidas*. O editor era John Francis Bloxam (1873-1928), aluno da Faculdade de Exeter, Oxford. O primeiro número – que acabou sendo o único – trazia as "Frases e Filosofias para o Uso dos Jovens", de Wilde. Entre as frases estava uma de suas mais famosas: "amar a si mesmo é começar um romance para a vida inteira". E trazia ainda o poema de Douglas, intitulado "Dois Amores"[358].

A *Chameleon* horrorizou os virtuosos. Jerome K. Jerome (1859-1927) a chamou de "lixo e lavagem". É "um insulto à criação", disse ele, cheio de textos de homens que "foram amaldiçoados com desejos não naturais". Se esse periódico demoníaco caísse nas mãos de "pobres sugestionáveis", ele poderia "arruinar profundamente a pessoa por toda a eternidade", dizia Jerome. "Sejamos livres, mas isso é de uma licenciosidade desenfreada", declarou ele[359].

Quando Wilde processou o pai de Douglas, o Marquês de Queensberry (1844-1900), por calúnia, em 1895, depois que o

---

358. *Chameleon*, n° 1, 1894.
359. MCKENNA, Neil. *The Secret Life of Oscar Wilde*. Arrow, 2004.

marquês o chamou de sodomita, a *Chameleon* foi mencionada no julgamento. Ela foi usada como prova da validade das acusações do marquês. O periódico, sobretudo as frases decadentes de Wilde, disseram para a corte, era prova do sonho de Wilde de "corromper a juventude da nação"[360]. O escândalo público quanto às coisas reveladas durante o julgamento da ação de Wilde contra o marquês, sobretudo o fato de existir em Oxford uma revista explicitamente homossexual, foi tão grande que os editores do periódico se sentiram impelidos a denunciá-lo publicamente. Numa carta ao *Daily Telegraph*, um advogado da editora que imprimia a *Chameleon* pedia: "Pedimos que você seja generoso o bastante para nos permitir dizer, por meio deste espaço, que nossos vendedores interromperam a venda da revista assim que souberam do conteúdo dela"[361].

Assim, a *Chameleon acabou.* Ela foi cancelada, para usar a terminologia atual. O sensacionalismo jornalístico, o escândalo jurídico e as autoridades da Universidade de Oxford, desesperadas para pôr fim à controvérsia, garantiram que isso acontecesse. Um ato de censura homofóbica como esse jamais aconteceria hoje em dia, certo? Sim, o caso de cultura do cancelamento do século XIX tinha muitos dos ingredientes das cruzadas acadêmicas modernas contra conteúdos e ideias perigosas. Por exemplo, a ideia de que a liberdade é uma coisa, mas a "licenciosidade desenfreada" era outra – isso encontra expressão hoje na insistência em se dizer que a liberdade de expressão tem limites, que não há nada de mau em dizer o que se quer desde que você não se exceda, não seja ofensivo e jamais cruze os limites do "discurso de ódio". E a ideia de que publicações imorais podem arruinar "por toda a Eternidade" uma alma sugestionável foi reavivada no século

---

360. SMITH, Timothy d'Arch. *Love in Earnest: Some Notes on the Lives and Writings of English 'Uranian' Poets from 1889 to 1930*. Routledge, 1970.
361. *Idem.*

XXI por meio da ideologia do Espaço Seguro, zonas nas quais os alunos podem encontrar refúgio do "conflito, da crítica ou de ações, ideias e conversas potencialmente ameaçadoras"[362]. Isto é, onde eles podem se esconder e esconder suas almas frágeis da ameaça imposta por pensamentos controversos ou escandalosos.

Mas uma revista homossexual cancelada? Um periódico celebrando o amor entre membros do mesmo sexo expulso do *campus*? Claro que um ato de intolerância como esse, um esforço antiquado de proteger os jovens da homossexualidade jamais aconteceria nos *campi* de hoje em dia, onde alunos e professores se sentem muito mais à vontade para falar de sexo do que seus antecessores da era vitoriana.

Eu não teria tanta certeza disso. Não estou convencido de que uma revista como a *Chameleon* sobreviveria nesta era do politicamente correto, assim como não sobreviveria na era da moralidade vitoriana. Hoje, ela correria o risco de ser considerada não "uma ofensa contra a criação", e sim uma ofensa contra a ideologia de gênero. Hoje, ela não seria acusada por conter "desejos não naturais", e sim por implicitamente conter crenças preconceituosas – sobretudo a crença preconceituosa de que o sexo biológico é mais importante do que a identidade de gênero. Hoje ela seria condenada não por corromper os jovens, e sim por dar ênfase ao sexo, ao amor entre membros do mesmo *sexo*, o que poderia causar danos aos transexuais.

Afinal, eis aqui uma das coisas mais impressionantes sobre as recentes manifestações do pensamento politicamente correto, a mais recente reviravolta na ideologia do controle linguístico, uma ideologia sempre instável e em expansão: ela está reavivando a mentalidade homofóbica. Alguns se referem a isso como "homofobia

---

362. Merriam Webster.

lacradora"³⁶³. O problema do homossexualismo, aos olhos de muitos cruzados do movimento LGBTQ, é que ele enfatiza o sexo biológico da pessoa – daí se falar em *atração entre pessoas do mesmo sexo*. E isso prejudica o que eles consideram muito mais importante do que a biologia – a identidade de gênero, como uma pessoa *se sente* quanto ao seu gênero, o que eles podem decidir que é algo totalmente diferente do sexo. Até a homossexualidade se tornou problemática na histeria louca do identitarismo. Não porque seja uma abominação contra Deus, e sim porque sua base biológica ofende os que querem nos excluir num mundo pós-biológico no qual estaremos livres da realidade científica, livres para escolher nosso gênero como bem entendermos.

Como diz Helen Joyce, autora de *Trans: when ideology meets reality* [*Trans: quando a ideologia enfrenta a realidade*], a homossexualidade está sob suspeita hoje porque "reconhecer a realidade da atração entre pessoas do mesmo sexo" é "reconhecer indiretamente a realidade e importância do sexo biológico como motivador da atração". E isso contradiz a cruzada "semiespiritual" para se "substituir o sexo biológico pela identidade de gênero", diz ela³⁶⁴. O homossexual é ofensivo porque, ao se sentir atraído apenas por pessoas do mesmo sexo, ele ou ela implicitamente rejeita as regras do identitarismo de gênero, o mandamento contemporâneo que determina que as pessoas pertencem ao gênero que bem entenderem. Assim, uma lésbica que não sente atração por um homem que se identifica como mulher – argumentando que se trata de um homem – é uma afronta viva à ideologia de gênero. Ela é inerentemente transfóbica. A recusa dela em aceitar que o homem que se identifica como mulher é mulher é um sacrilégio, um crimideia contra um dos principais mantras religiosos do identitarismo: "mulheres trans são

---

363. *Quillette*, 11 de abril de 2019.
364. *Idem*.

mulheres". As preferências sexuais dela por mulheres – e não mulheres trans nem homens; por mulheres – é uma afronta intolerável a esse mantra. A homossexualidade dela é preconceituosa. O ser inato dela vai contra os novos dogmas do pensamento identitário.

A atração entre pessoas do mesmo sexo está sendo redefinida como preconceito. Surgiram novos termos ofensivos para se referir aos homossexuais. Como diz um colunista do *National Post*, há esforços em andamento para "chamar o homossexualismo de 'fetiche genital'"[365]. A filósofa lésbica Kathleen Stock descreve uma experiência na qual ela dizia que o lesbianismo é o amor de mulheres por mulheres, quando alguém lhe disse: "Que fetiche genital é esse?"[366]. Uma reportagem investigativa da *BBC* consultou jovens lésbicas que disseram que estavam sendo chamadas de "fetichistas genitais" por se recusarem a dormir com "mulheres trans" que têm pênis. Uma delas ouviu que tem de "desaprender minha 'confusão genital' em respeito às irmãs trans"[367]. Em resumo, aprenda a gostar de pênis. Isso reaviva o velho preconceito homofóbico segundo o qual as lésbicas só precisam de uma boa transa para se curar.

A dra. Veronica Ivy, ex-ciclista profissional e hoje escritora sobre temas trans, disse abertamente que "preferências genitais" são transfóbicas[368]. Em outras palavras, a atração com base no sexo é transfóbica. A homossexualidade é um tipo de preconceito. O lesbianismo é ódio. Homossexuais que rejeitam pessoas do sexo oposto correm o risco de serem considerados preconceituosos. Como diz um articulista do *Observer*, "estamos vivendo tempo extraordinários, nos quais alguns ativistas dizem que lésbicas são

---

365. *National Post*, 23 de junho de 2022.
366. kathleenstock.com, 18 de junho de 2020.
367. *BBC News*, 26 de outubro de 2021.
368. *Idem*.

preconceituosas por dizerem que não sentem atração por mulheres trans que são homens biológicos"[369].

Até mesmo a maior instituição de caridade LGBT do Reino Unido, a Stonewall, parece acreditar que a atração entre pessoas do mesmo sexo às vezes se assemelha a um crime de ódio. Sim, "a sexualidade é algo pessoal", diz generosamente a instituição, "mas se para um relacionamento você exclui grupos inteiros como pessoas de cor e transexuais, vale refletir sobre como os preconceitos sociais podem ter moldado a sua atração"[370]. Deixemos de lado a inclusão cínica das pessoas de cor ao lado dos transexuais, o objetivo repugnante de associar homossexuais que ousam criticar a ideologia de gênero a racistas.

O ponto mais importante é que até mesmo a Stonewall parece não entender mais o que é o homossexualismo. Claro que lésbicas e *gays* "excluem grupos inteiros de pessoas" quando buscam um relacionamento. Isso acontece porque eles não se sentem atraídos por pessoas do sexo oposto. Uma lésbica que recusa namorar uma "mulher com pênis" ou um *gay* que se recusa a dormir com um "homem com vagina" não são prova de que eles foram infectados por "preconceitos sociais" – isso é a homossexualidade.

A homossexualidade corre o risco de deixar de existir. A Stonewall foi fundada em 1989 para combater a Cláusula 28 da Lei de Governo Local de 1988, que proibia as escolas de "promoverem a homossexualidade" – isto é, a atração por pessoas do mesmo sexo. Ainda assim a instituição evita falar em "mesmo sexo". Em vez disso, ela define o homossexual como "alguém que tem uma orientação romântica e/ou sexual por alguém do mesmo *gênero*" (grifo meu)[371]. Mas aí a Stonewall descreve a transfobia como

---

369. *Observer*, 29 de maio de 2022.
370. *BBC News*, 26 de outubro de 2021.
371. stonewall.org.uk.

qualquer "negação ou recusa de aceitar a identidade de gênero de outra pessoa". Assim, se a homossexualidade é a atração com base no gênero, mas é preconceito questionar o gênero preferido de uma pessoa, isso significa que se espera que os homossexuais digam que se sentem atraídos por qualquer um que se diga do mesmo sexo que eles, mesmo que não seja. Como diz Joyce, as "consequências lógicas dessas definições distorcidas são definir a atração entre pessoas do mesmo sexo como um preconceito". No passado, eram os "conservadores homofóbicos" que diziam que "a homossexualidade é uma identidade falsa e perigosa", diz Joyce; hoje isso é feito pelos "progressistas que estão arruinando as organizações que dizem defender os interesses de lésbicas e *gays*"[372].

O escritor Ben Appel captura bem o fratricídio do identitarismo *gay* que ajudou a fomentar o que ele chama de "a nova homofobia". Num artigo publicado na revista *Newsweek*, ele contou que conseguiu um trabalho numa importante organização de defesa dos direitos LGBTQ dos Estados Unidos em 2017. Mas sua "empolgação com o trabalho logo se transformou numa mistura de medo e vergonha" assim que ele percebeu que seus colegas estavam obcecados com a oportunidade de abrirem caminho para "uma nova geração de '*queers*', uma geração que tinha pouco a ver com os direitos baseados no sexo e mais a ver com o fim dos conceitos tanto de sexo quanto de sexualidade". Esses militantes viam as antigas garantias homossexuais como "relíquias privilegiadas do passado", obcecadas demais com a categoria opressiva do sexo biológico. Os *queers* acreditam que "subverter essas caracterizações que foram impostas sobre os jovens – por exemplo, a de que o sexo é determinado quando do nascimento – é a maior expressão da autonomia". Assim, a teoria *queer* apaga as "opressões" da biologia e das categorizações injustas do sexo, e no processo deslegitima

---

372. *Quillette*, 11 de abril de 2019.

a homossexualidade também, tratando-a como uma categoria arcaica baseada no sexo e da qual fazem parte fetichistas genitais e preconceituosos biológicos. Essa é a "nova homofobia", diz Appel, e ela "está ameaçando a nossa própria existência"[373].

Essa nova forma de pensar, essa associação da rejeição homossexual a relações com o sexo oposto ao "preconceito social" e até ao racismo tem consequências graves no mundo real. A geração mais jovem está sendo educada pelo pinga-pinga das mensagens instantâneas para verem a atração por pessoas do mesmo sexo como preconceito. Como diz Appel, "com a proliferação das redes sociais, que disseminam os dogmas ideológicos com uma velocidade muito maior do que qualquer instituição religiosa na história, acadêmicos/ativistas conseguem reduzir a teoria *queer* a máximas palatáveis, fáceis de digerir e regurgitar, sobretudo em plataformas como *Twitter*, *Tumblr* e, agora, *TikTok*"[374]. Não surpreende que, nesse ambiente de fomento a uma nova e estranha homofobia, cada vez mais jovens que tradicionalmente se identificariam como *gays* ou lésbicas estejam se submetendo a tratamentos hormonais e, em alguns casos, a cirurgias. Afinal, se a atração por pessoas do mesmo sexo é ódio e prova da contaminação pelo "preconceito social", por que não se deixar ser corrigido e curado pela "mudança de sexo"? Daí você será livre para se juntar ao grupo que se sente atraído pelo "mesmo gênero", o que é bom, em vez do grupo que sente atração por pessoas do mesmo sexo, o que é fetiche genital.

Ex-funcionários de clínicas especializadas em identidade de gênero têm associado o tratamento à "conversão de *gays*". Eles temem que a nova homofobia esteja "impulsionando a moda dos jovens trans".

---

373. *Newsweek*, 21 de abril de 2022.
374. *Idem*.

Médicos que trabalharam para o Serviço de Desenvolvimento de Idade de Gênero do Serviço Nacional de Saúde do Reino Unido dizem que "tinha casos frequentes de pessoas que começavam a se identificar como trans meses depois de sofrerem *bullying* por serem *gays*". As jovens lésbicas pareciam ver os tratamentos para trans como um corretivo para a sexualidade indesejada delas. Um médico diz: "Ouvimos falar muito de homofobia. Muitas meninas vinham e diziam: 'Não sou lésbica. Me apaixonei pela minha melhor amiga, mas daí foi procurar na Internet e percebi que não sou lésbica, sou um menino'"[375]. A direita religiosa busca afastar o *gay* da homossexualidade por meio da oração – os ideólogos querem afastar o *gay* da homossexualidade por meio dos remédios. Apesar de toda a crítica que se possa fazer aos cristãos que acreditam que os jovens podem ser afastados da homossexualidade por meio da conversão, ao menos eles não sujeitam jovens lésbicas a intervenções hormonais que mudam a voz delas e lhes dão barba, nem tiram cirurgicamente os seios delas. Ao menos eles apenas rezam, em vez de mutilarem as pessoas.

A nova ideologia de gênero diz que alguns jovens homens são na verdade mulheres presas num corpo masculino. Exteriormente eles se apresentam como homens, mas têm um "cérebro feminino"[376]. Ela diz que jovens mulheres são, no seu âmago, homens, mas o corpo as enganou, enganou seu "eu verdadeiro", e as amaldiçoou com a aparência de feminilidade. Nas palavras de uma reportagem publicada na *New Scientist*, em algumas mulheres a "matéria branca" no cérebro delas "se assemelha ao cérebro masculino"[377]. Deixando de lado a questão quanto a quando se tornou aceitável examinar os cérebros de jovens que provavelmente

---

375. *The Times*, 8 de abril de 2019.
376. *Scientific American*, 1º de janeiro de 2016.
377. *New Scientist*, 26 de janeiro de 2011.

são homossexuais – em busca de problemas e defeitos – o ponto aqui é que essas afirmações de inconsistências entre a alma e o corpo da pessoa reproduzem as ideias do século XIX do homossexualismo como um problema.

Karl Heinrich Ulrichs (1825-1895), jurista e escritor alemão às vezes chamado de "o primeiro *gay* na história da Humanidade", por encabeçar uma campanha pela reforma sexual em Hanover nos anos 1860 e 1870, confrontou a ideia do homossexualismo como pecado, sugerindo que ele era um problema biológico. Ele argumentava que a homossexualidade masculina era uma "variação congênita" na qual "uma alma feminina habita um corpo masculino"[378]. A psiquiatria adotou essa visão defensiva da homossexualidade como a prisão de uma mulher num corpo masculino e começou a se referir à homossexualidade como uma "inversão" ou uma "mudança na identidade do papel sexual"[379]. Na ocasião, ocorreu uma transformação importante e os atos homossexuais deixaram de ser vistos como pecados, sujeitos à punição, e passaram a ser vistos como algo passível de tratamento, a partir do fim do século XIX até meados do século XX, como um problema "congênito", prova da feminilidade internalizada ou de uma degeneração psicológica geral, ou talvez ambas as coisas.

É notável, e um tanto quanto incômodo, saber que a visão de mundo anterior ao movimento dos direitos dos homossexuais, a visão da alma feminina sequestrada pela anatomia masculina, foi ressuscitada pela ideologia de gênero. E que nossa sociedade supostamente esclarecida vai além da psiquiatria do fim do século XIX e não busca apenas tratar ou expor o gênero aprisionado da pessoa, e sim defende que se altere radicalmente o corpo alheio para

---

378. DE CECCO, John; SHIVELY, Michael. *Origins of Sexuality and Homosexuality*. Taylor & Francis, 2014.
379. *Idem*.

que a realidade física dele ou dela combine com o "sexo do cérebro", que é como os especialistas hoje se referem à "alma feminina"[380].

Quando se trata de estimular pessoas que provavelmente são homossexuais a se submeterem a uma cirurgia radical a fim de combinarem melhor o gênero interno e a biologia externa, a sociedade ocidental está na verdade atrasada. Outra sociedade que há muito tempo conserta cirurgicamente a feminilidade aprisionada dos homens *gays* é o Irã. O Irã só perde para a Tailândia na quantidade de cirurgias de mudança de sexo realizadas[381]. E é claro que o país não aprova e até celebra essas cirurgias porque gosta dos transexuais ou adere às novas ideologias que estão por todos os cantos, da *Teen Vogue* ao *TikTok*. Não, é porque o Irã é uma sociedade extremamente homofóbica. O Código Penal Islâmico do Irã, de 2013, proíbe as relações entre pessoas do mesmo sexo, tanto para homens quanto para as mulheres. A pena é a morte. A moda trans no Irã, portanto, é fomentada por um nojo tão profundo da homossexualidade que a teocracia prefere que as lésbicas sejam cirurgicamente transformadas em "homens" e os homens homossexuais sejam cirurgicamente transformados em "mulheres". Assim eles estão curados.

O próprio aiatolá Khomeini (1902-1989) anunciou uma *fatwa* em 1967, quando estava no exílio, dizendo expressamente que cirurgias de mudança de sexo eram permitidas. Em 1985, já no poder, ele acrescentou um apêndice a essa *fatwa*. A justificativa teocrática para a "redesignação sexual" é assustadoramente semelhante aos argumentos dos militantes ocidentais da ideologia de gênero. *Diagnosing identities, wounding bodies* [*Diagnosticando identidades, mutilando corpos*], um relatório de 2014 publicado pela organização Justiça pelo Irã, resume bem a situação. Os aiatolás acreditam que se as

---

380. *Journal of Clinical Medicine*, março de 2022.
381. *QZ*, 19 de abril de 2017.

pessoas exigem "uma aversão clara aos maneirismos normativos do gênero ao qual foram designados quando do nascimento", então elas "devem se submeter a cirurgias de redesignação sexual a fim de exporem a verdade sobre seu sexo, de modo que ele combine com seu gênero verdadeiro"[382]. Os aiatolás deveriam escrever um artigo de opinião para o *Guardian*. A determinação deles em transformar os corpos de pessoas em inconformidade de gênero de modo que elas se pareçam mais com o seu "gênero verdadeiro" é igual – tirando uma ou outra referência a Alá e ao Corão – aos apelos dos ativistas trans e de seus muitos aliados na política e na imprensa do Ocidente no começo do século XXI.

Estamos assistindo à repatologização da homossexualidade. A Associação Psiquiátrica Norte-americana descreveu a homossexualidade como um "transtorno psiquiátrico" até 1973. Antes disso, ela era considerada uma doença moral. Da mesma forma, a *Chameleon* era considerada uma revista "cheia dos anseios de uma doença não natural"[383]. A homossexualidade costumava ser *tratada*. Alan Turing (1912-1954), em 1952, foi submetido à indignidade da cura hormonal de sua homossexualidade. Condenado por indecência, ele pôde escolher entre a cadeia e a liberdade condicional, mas a liberdade condicional pressupunha que ele se submetesse à terapia hormonal que era o equivalente à castração química. Ele optou pelo tratamento. As injeções continham um estrogênio sintético que feminilizou o corpo dele, deixando-o impotente e lhe dando seios[384]. Se isso lhe parece assustadoramente familiar é porque a mesma coisa está sendo feita hoje com adolescentes que, em outra época, simplesmente seriam *gays*. O que víamos como uma abominação na

---

382. *Diagnosing Identities, Wounding Bodies: Medical Abuses and Other Human Rights Violations Against Lesbian, Gay and Transgender People in Iran*. Justiça do Irã, 2014.
383. SMITH, Timothy d'Arch. *Love in Earnest: Some Notes on the Lives and Writings of English 'Uranian' Poets from 1889 to 1930*. Op. cit.
384. *Atlantic*, 26 de dezembro de 2013.

época – a submissão dele a um regime hormonal a fim de corrigir sua homossexualidade – hoje é celebrado. Como diz Ben Appel em relação à experiência norte-americana com os trans, esses jovens, a "imensa maioria" dos quais se revelaria "*gays*, lésbicas ou bissexuais na idade adulta", hoje "tomam drogas para bloquear a puberdade e hormônios do sexo oposto e se submetem a cirurgias irreversíveis, tudo isso enquanto são celebrados primeiro nas redes sociais e depois pela imprensa e agora pela administração presidencial atual"[385]. Curar a homossexualidade é uma coisa boa agora.

Então, não – não estou convencido de que uma revista como a *Chameleon* escaparia da censura hoje. Não estou convencido de que uma publicação que celebra o amor homossexual receberia a aprovação dos defensores do pensamento politicamente correto. Ela talvez fosse condenada por seu fetichismo genital, denunciada pelos preconceitos sociais de seus colaboradores interessados apenas em pessoas do mesmo sexo, não do mesmo gênero. Talvez aquele amor não devesse mesmo dizer seu nome. Na verdade, Owen Jones, colunista do *Guardian*, disse o seguinte em relação às controvérsias recentes quanto à linguagem da atração entre pessoas do mesmo sexo e à atração entre pessoas do mesmo gênero:

> Um homem *gay* [...] talvez jamais faça sexo com um homem trans, por acaso ou escolha. Ele tampouco tem que declarar ao mundo que ele não dormiria com um homem trans porque na verdade eles são mulheres e impostores [...]. Por que ele seria mais feliz dizendo uma coisa dessas?[386]

Isso não soa como o amor que não ousa dizer seu nome? Não diga explicitamente que você só se sente atraído por pessoas do mesmo sexo. Guarde para você. Você não terá prejuízo nem

---

385. *Newsweek*, 21 de abril de 2022.
386. Owen Jones, *Twitter*, 15 de setembro de 2022.

enfrentará dificuldades se ficar calado quanto ao fato de que você só se sente atraído por homens – não por mulheres, incluindo mulheres que se dizem homens; só homens. Sei que não foi a intenção de Jones, mas parece que voltamos a Bosie. Voltamos ao amor que precisa ficar em silêncio.

Precisamos discutir como isso aconteceu. Como passamos da era da liberdade *gay* e da descriminalização da homossexualidade em todo o Ocidente, nos anos 1970, a uma situação na qual até mesmo instituições de caridade de defesa dos LGBTQ têm dificuldades para dizer que não há nada de errado em ser *gay*, que não há nada de errado em se sentir atraído por pessoas do mesmo sexo. Como chegamos a um mundo no qual jovens estão se submetendo a uma versão moderna das mortificações corporais, castigando e mutilando seu corpo pelo pecado do lesbianismo e da homossexualidade masculina. Como chegamos a esse nível de loucura na qual lésbicas numa Parada do Orgulho Gay são vaiadas e expulsas do evento por levantarem cartazes com os dizeres "Lésbicas Não Gostam de Pênis" – como aconteceu em Cardiff, em agosto de 2022. "Não há mais lugar para o ódio na nossa sociedade", disse Gian Molinu, presidente da Parada do Orgulho Gay do País de Gales, sobre aquelas lésbicas. Sobre aquele cartaz. Sobre aquela declaração pública de algo que, há alguns anos, seria considerado tão óbvio que nem precisava ser dito, mas que hoje é visto como discurso de ódio, como o grito pervertido de fetichistas obcecadas por vaginas.

Em parte, essa neo-homofobia vem acompanhada pela intolerância. As ideologias da mentalidade politicamente correta avançam sempre por meio da repressão aos dissidentes. E nesse caso os dissidentes já foram bastante reprimidos. Basta ver a perseguição extraordinária que tem sido vítima a LGB Alliance por insistir em dizer que homossexualidade é atração entre pessoas do mesmo sexo e é diferente do transexualismo e outras formas contemporâneas do jogo *queer*.

A LGB Alliance foi fundada em 2019 por veteranos do movimento britânico de liberação *gay* e que estavam preocupados com as ameaças aos direitos dos homossexuais impostas pela ideologia de gênero. Com a transição, isto é, a conversão cirúrgica dos jovens *gays*. Com a criação de leis de autodeterminação de gênero que permitiriam que homens se tornassem mulheres e mulheres se tornassem homens simplesmente por meio da autodeclaração, e com como isso pode impactar a liberdade de associação dos homens e mulheres homossexuais. E com o apagamento total da linguagem da "atração pelo mesmo sexo" e a tendência de mudanças linguísticas autoritárias como essa a tirar os direitos dos homossexuais e até a capacidade de eles *argumentarem* em defesa desses direitos.

Afinal, como vimos, sempre que a linguagem é controlada, o pensamento também é controlado. A capacidade de se ter certos pensamentos é limitada e às vezes deixa de existir por meio da manipulação da linguagem. por isso é que a mudança semântica do "mesmo sexo" para "mesmo gênero" é importante – ela restringe a imaginação sexual e até a capacidade que um homossexual tem de entender a si mesmo. Como um jovem homossexual vai poder expressar sua identidade e desejos se a linguagem para essas coisas não existirem? Como se pode falar em amor homossexual se não há mais palavras para isso? Passamos do amor que não ousa dizer seu nome para o amor que *não pode* dizer seu nome.

Por defender essas coisas, a LGB Alliance tem sido transformada num monstro pelos militantes da ideologia de gênero e pela imprensa progressista. Ela foi chamada de "grupo de ódio", um eufemismo para preconceito injurioso[387]. Houve várias petições para que a organização não recebesse financiamento da Loteria e para que a Comissão de Caridade do Reino Unido tirasse dela a condição de instituição sem fins lucrativos. Na verdade, a Mermaids, uma instituição voltada para

---

387. *Pink News*, 14 de setembro de 2022.

os jovens trans, chegou ao ponto de entrar na justiça a fim de pedir a revogação da licença de instituição de caridade da LGB Alliance[388]. O caso teve cenas escandalosas, incluindo a cofundadora da LGB Alliance, Kate Harris, sendo perguntada se uma pessoa com pênis pode ser lésbica. Harris começou a chorar na hora do interrogatório. Assim que se recompôs, ela disse:

> Falarei por milhões de lésbicas ao redor do mundo e que são lésbicas porque amam outras mulheres [...]. Não seremos apagadas e não permitiremos que um homem com pênis nos diga que ele é lésbica porque se sente assim[389].

O fato de uma lésbica ter precisado ir à justiça para defender o lesbianismo é uma prova de que o pensamento politicamente correto ressuscitou a mentalidade. Oscar Wilde foi interrogado pelo amor que não ousa dizer seu nome. Hoje lésbicas são interrogadas quanto ao amor que aparentemente é ódio disfarçado – o amor de uma mulher por outra.

A repressão à dissidência explica como a neo-homofobia foi incentivada. Como foi imposta por meio do cancelamento, da retirada de financiamento e da deslegitimação daqueles que sabem e temem as consequências de se falar na atração entre pessoas do mesmo sexo como um problema. Mais uma vez, o retrocesso social é instigado pela ameaça da censura. Há ainda a questão quanto ao que essa investida contra a homossexualidade representa, o que isso diz sobre nosso tempo. Para mim, os julgamentos da homossexualidade no século XXI expressam uma das crises morais mais profundas da nossa época: a crise do ideal de liberdade; a crise da crença de que os indivíduos podem decidir por si mesmos, com liberdade e confiança, como querem viver e quem querem amar.

---

388. *Guardian*, 12 de setembro de 2022.
389. *Guardian*, 15 de setembro de 2022.

Esse foi o princípio que orientou o movimento de libertação *gay* e outros movimentos de libertação da era moderna. Mas ultimamente esse princípio da vida livre tem caído em desgraça. Ele tem sido aos poucos repelido pela ascensão do seu contrário: a visão terapêutica e tecnocrata do indivíduo como um ser menor, de raciocínio ineficiente, incapaz de fazer escolhas inteligentes e que por isso sempre precisa da orientação de profissionais da saúde, especialistas médicos, *coaches* e outros que compõem o novo feudalismo da vigilância social. O fim da era da liberação e sua substituição pela era da intervenção tem apagado a velha figura do homossexual confiante e livre, substituído pelo pântano atual da desorientação sexual e de gênero que requer que especialistas se intrometam com seus diagnósticos e tratamentos.

Um dos maiores apelos do movimento de liberação homossexual dos anos 1970 foi contra a medicalização da homossexualidade. A resistência a isso era encontrada em vários outros grupos, incluindo as feministas, que rejeitavam o tratamento medicamentoso contra a "histeria", bem como o movimento antipsiquiatria, mais amplo. Quando a Associação Psiquiátrica Norte-americana finalmente deixou de considerar a homossexualidade uma doença, em 1973, um grupo de liberação homossexual disse que aquela era "a maior vitória *gay* de todos os tempos"[390]. Outro agradeceu ironicamente a APA por curar os *gays* "da nossa doença sombria e horrível"[391]. A rejeição dos militantes pela patologização deu voz a uma rejeição maior da autoridade, a uma crença radicalmente nova de que a homossexualidade não tinha nem de ser explicada, muito menos tratada; era o que era. Pela primeira vez na história, a liberdade dos homossexuais de viverem como bem queriam era mais importante do que a

---

390. *Journal of the History of Sexuality*, janeiro de 2016.
391. *Idem*.

análise e as determinações alheias. Eles não eram mais pervertidos sexuais; apenas pessoas.

Essa era da liberação acabou. Já era de se esperar. A crise da AIDS foi a primeira etapa da remedicalização da homossexualidade. Lentamente, os *gays* voltaram a ser estudados pelos especialistas, por novos conselheiros aos quais caberia dizer como os homens deviam se comportar na privacidade da sua sexualidade. Depois da AIDS assistimos à ascensão do argumento defensivo "eu nasci assim", e a adoção da ideia do "gene *gay*". Isso tinha a ver com a assustadora cultura da incerteza no movimento *gay*, com sua inabilidade de dizer o que muitos no passado haviam dito: somos assim. Agora tanto o projeto de liberação *gay* quanto o projeto de liberação social se renderam quase que completamente ao reino do conhecimento especializado. Todos parecem aceitar a medicação hoje em dia. Remédios são usados para tudo, desde a ansiedade até o estresse, passando pela disforia de gênero. Todos parecem aceitar a necessidade de especialistas e gurus a nos guiarem pelas dificuldades da vida. Todos parecem ver a governança terapêutica como uma característica essencial do capitalismo, necessária para a administração dos sentimentos e temores das massas. Não é de se admirar, pois, que nesse momento a sexualidade esteja sendo tratada como doença novamente, e voltando ao controle da elite médica. Os neuroespecialistas, dos cirurgiões, dos clínicos. A "maior vitória *gay*" foi revertida. A sexualidade voltou a ser considerada doença. Suas mentes serão examinadas, seus problemas de gênero serão diagnosticados e seus corpos possivelmente serão modificados.

Na falta do ideal da liberação *gay*, as coisas contra as quais o movimento se protegia voltaram. Entre elas está a medicalização e a homofobia. Só que hoje em dia o homossexual é menos temido pela suposta ameaça que ele representa para a vida e a ordem social e mais pela afronta que ele representa à identidade de gênero hoje em ascensão.

O *gay* livre de hoje é um escândalo menos em relação à natureza animal e mais contra a nova ordem da ideologia de gênero e a nova religião das almas-com-gênero e a autoridade do alto clero e seus soldadinhos que vigiam e impõem esses dogmas pós-sexo e pós-verdade. O homossexual continua sendo um herege sexual.

De volta àquele que é o mais famoso e trágico dos hereges sexuais: Oscar Wilde. Interrogado durante o julgamento por indecência quanto àquele verso de Bosie – "o amor que não ousa dizer seu nome" – ele não hesitou. Ele argumentou, defensivamente, que era uma referência ao amor platônico, não homossexual. Ainda assim, ele argumentou em defesa do direito de amar:

> "O amor que não ousa dizer seu nome" neste século é a afeição maior de um homem mais velho por um mais jovem, como houve entre Davi e Jonatas, aquele que Platão tornou a base da sua filosofia e o amor que você encontra nos sonetos de Michelângelo e Shakespeare. É aquele afeito profundo e espiritual que é puro e perfeito. Ele dita e influencia grandes obras de arte. E neste século ele é incompreendido, tanto que pode ser descrito como "o amor que não ousa dizer seu nome", e por isso estou aqui agora. É a mais bela, fina e nobre forma de afeto. Não há nada de não natural nesse amor.

O tribunal irrompeu em aplauso. Alguns choraram. Alguns acreditam que Oscar Wilde selou seu destino com essas palavras. Afinal, quem além de um homossexual poderia falar com tanta emoção sobre o amor entre dois homens? Se ali ele se condenou, ao menos o fez defendendo aquilo no que acreditava, defendendo o amor – que é algo que deve nos inspirar nestes tempos difíceis de conformismo.

CAPÍTULO 8
VIVA O ÓDIO

Ando pensando no que podemos chamar de "o paradoxo do ódio". Curiosamente, vivemos numa sociedade preocupada com o policiamento e o castigo ao ódio, no entanto, o ódio está por todos os lados. Ele prospera. O ódio é a *língua franca* das redes sociais. O dicionário do ódio aumenta todas as semanas. Xingamentos novos estão sempre surgindo. Presuntinho, feminazi, reaça e coco[392]. São termos cheios de desprezo. Eles desumanizam seu alvo. Todos os dias a Internet promove os Dois Minutos de Ódio. Aquele "êxtase horrível de medo e vingança" que toma conta dos membros do Partido no romance *1984* está por todos os lugares agora. Para nós e para eles, o ódio atravessa a multidão "como uma corrente elétrica". Os arrastões pelo *Twitter* são organizados e os insultos são sincronizados. Morra, feminazi. Apague sua conta, seu reaça[393]. Se mate! É ódio em cima de ódio.

E eis aqui a essência do paradoxo do ódio: boa parte desse ódio, desse desprezo um pelo outro, vem das pessoas que dizem que se opõem "ao discurso de ódio". Do tipo de pessoa que, em outro ambiente qualquer, quando não está se lançando furiosamente contra bruxas que criticam a ideologia de gênero ou contra conservadores negros que venderam sua raça em troca de poder,

---

392. Na Inglaterra, xingamento usado para se referir aos negros conservadores. (N. T.)
393. *Independent*, 3 de junho de 2019.

é vista concordando com a reprimenda ao "discurso de ódio" e aos "crimes de ódio".

Este é o caso de J. K. Rowling. Poucas figuras públicas estão mais sujeitas ao fel e à maldade do que ela. O crime dela é conhecido: ela acha que homens não são mulheres. Ela acha que um homem nunca pode se tornar mulher, por mais comprimidos que ele tome ou cirurgias a que se submeta. A heresia dela é concordar com a biologia. Por causa disso ela é insultada e ameaçada diariamente. E os insultos vêm de pessoas que têm a bandeira do orgulho *gay* em seus perfis e que dizem que "amor é amor" e que lamentam o discurso de ódio da transfobia e que pegam o telefone para denunciar "crimes de ódio" para a polícia quando alguém comete o erro de chamá-las pelo pronome errado. E fazem tudo isso antes mesmo que você possa dizer: "que hipócrita!". Essas pessoas se esgoelam contra o discurso de ódio e em seguida praticam discurso de ódio, se submetendo ao delírio e ao prazer perverso de odiar a maior "diaba" do século XXI. Esse é o paradoxo.

O ódio por Rowling é mesmo intenso. Ela é chamada de feminazi, claro, por ser uma "feminista radical que exclui os trans", quando na verdade se está querendo dizer que ela é uma mulher insubordinada e possivelmente histérica que se recusa escandalosamente a fazer reverência à ideologia de gênero.

A rowlingfobia tomou conta das redes sociais. "Se mate!". "Sua vadia, eu vou te matar". "Morra, puta". "Essa mulher é um lixo". "Cala a boca, caralho!". "Eu vou te espancar até a morte". Tudo isso foi dito a Rowling. E coisas piores. Ela é costumeiramente ameaçada de morte, que é o castigo máximo por seu pecado de acreditar na biologia. O endereço dela foi publicado no *Twitter* juntamente com um manual de fabricação de bombas. No *YouTube* há uma música sobre ela que diz "Espero que você caiba no carro da funerária, sua vadia". Quando Rowling expressou sua preocupação e solidariedade a Salman Rushdie, depois que ele foi esfaqueado em Nova York, em agosto de 2022, alguém respondeu: "Não se preocupe. Você é a próxima"[394].

O pior tipo de ódio por Rowling vem das entranhas da Internet, claro. É lá, naquela devastação moral, que ela ouve as pessoas dizendo "vá se foder e morra" ou é convidada a "chupa meu pau de menina". É lá que você verá as pessoas se transformarem em "lunáticos ameaçadores", possuídos por um "desejo de matar, de torturar, de esmagar o rosto do outro com uma marreta", como acontecia nos Dois Minutos de Ódio do livro de Orwell. Mas esses ataques de ódio das pessoas são inquestionavelmente inflamados pela imprensa, que aceitou a ideia de que a dissidência de Rowling quanto à ideologia de gênero faz dela uma transfóbica, o que equivale a dizer que ela é horrível, perigosa e *uma megera*.

Manchetes como "Daniel Radcliffe comenta as falas transfóbicas de J. K. Rowling" e "De onde vêm as opiniões antitrans de J. K. Rowling" e "J. K. Rowling e a retórica antitrans causam danos consideráveis no Reino Unido" jogam lenha na fogueira da legitimação da rowlingfobia. Quando veículos tradicionais como a *NBC News* dizem que Rowling está "prejudicando literalmente a comunidade trans" e que ela promove "mensagens de ódio contra a comunidade trans", não é de se surpreender que muitos venham a odiá-la[395]. Quando a Mermaids, uma organização de defesa dos jovens trans, diz que Rowling pode ter levado pessoas à morte ("houve casos de automutilação e até tentativas de suicídio entre os jovens trans depois das afirmações de J. K. Rowling"), faz sentido que alguns comecem a vê-la como uma ameaça até mesmo pessoal[396]. As palavras delas causaram "danos consideráveis" no

---

394. *spiked*, 15 de agosto de 2022.
395. *NBC News*, 5 de julho de 2020.
396. *Mermaids*, 28 de agosto de 2020.

Reino Unido? As palavras dela fizeram com que jovens trans quisessem acabar com suas vidas? Que megera! Prepare o carro da funerária. É curto o caminho entre a ideia de que a crença de Rowling na biologia é a transfobia que causa danos e doenças e talvez até a morte à gritaria extremista de que a mulher é a escória e não merece viver.

Há ainda o enigma no âmago disso tudo e no âmago do debate mais amplo sobre o ódio atual. O enigma é o de que toda a retórica violenta contra Rowling vem de um movimento – o movimento trans – que é obcecado pelo discurso politicamente correto e pela promoção do que o movimento considera a terminologia respeitável, boa e correta. Um movimento que implora e até se esforça pelo extermínio de palavras de ódio do debate público. Eles odeiam o ódio, exceto seu próprio.

Os ativistas trans e seus aliados odeiam a liberdade de expressão em todo o mundo. Aos olhos deles, confundir os pronomes – quando você se refere a um homem biológico como "ele", apesar de ele dizer que agora é "ela" – é discurso de ódio. A definição de discurso de ódio do *TikTok* foi atualizada em 2022, por pressão dos ativistas trans, a fim de incluir o uso "incorreto" dos pronomes como uma violação inaceitável[397].

O *"deadnaming"* – quando você menciona o antigo nome da pessoa trans, o nome de batismo dela – também. Entre os lacradores, e se você me permite a analogia, é como dizer o nome de Voldemort: uma fala perigosa que pode evocar o mal. Errar o gênero da pessoa é manifestação de uma ideologia de ódio, de acordo com o *TikTok*, e está sendo proibido "pelo bem-estar da comunidade"[398]. Errar o gênero é visto como algo danoso à alma das pessoas. É algo que tem "consequências negativas" para a

---

397. *Bloomberg*, 9 de fevereiro de 2022.
398. *NPR*, 9 de fevereiro de 2022.

"saúde mental geral" dos trans, diz uma reportagem[399]. Assim, chamar um homem que se identifica como mulher de "ela" é uma mentira odiosa, mas cogitar bater em J. K. Rowling é certo, ao menos aos olhos de alguns trans.

Os ativistas trans fazem qualquer esforço, talvez mais do que todos os outros grupos identitários, para eliminar o "ódio" da vida pública. No Reino Unido, os estudantes lutam para eliminar a transfobia das redes sociais, o que levou até mesmo a uma ameaça de censura a Germaine Greer[400]. Em 2015, mais de três mil pessoas assinaram uma petição para tentar impedir Greer de dar uma palestra sobre empoderamento feminino na Cardiff University, sob a justificativa de que a recusa de Greer em aceitar que um homem pode se tornar uma mulher é transfobia. Por fim, ela deu a palestra, mas policiais uniformizados tiveram de ser convocados a proteger a supostamente preconceituosa Greer de ataques do público[401]. *Cherwell*, o jornal dos alunos da Oxford University, defende a eliminação da "transfobia" das redes sociais dizendo que os transfóbicos são iguais aos fascistas. "Os fascistas apelam ao medo: medo dos imigrantes, medo da mudança, medo do colapso moral e da implosão social. Feminazis apelam ao medo e ao nojo: da estranheza sexual, do processo de transição, de 'homens' se tornando mulheres", diz a publicação. Antigamente, chamar as feministas de fascistas ou de feminazis era coisa da extrema direita. Agora é coisa do pensamento politicamente correto de esquerda. Quer dizer que é fascismo que uma feminista afirme verdades biológicas, mas tudo bem se cantores do *YouTube* disserem que aquela megera da Rowling caberá num carro funerário. A biologia é discurso de ódio e a rowlingfobia é apenas liberdade de expressão.

---

399. *HealthLine*, 18 de setembro de 2018.
400. Escritora feminista australiana. (N. T.)
401. *Guardian*, 18 de novembro de 2015.

Algumas mulheres foram presas por aquilo que os ativistas trans dizem ser discurso de ódio. Em janeiro de 2022, uma mulher em Newport, País de Gales, foi presa por espalhar e pregar cartazes que continham "textos ameaçadores ou violentos para perseguir, assustar ou irritar"[402]. Isto é, os cartazes questionavam algumas ideias da ideologia de gênero, incluindo a ideia de que mulheres trans são mulheres. Em 2018, uma mulher foi presa em sua casa, Hertfordshire, Inglaterra, por errar os pronomes ao se referir a um trans no *Twitter*[403]. Em agosto de 2022, um policial comunitário sujeitou uma mulher a uma longa lição de moral sobre a maldade dos cartazes e adesivos céticos da ideologia de gênero que ela tinha pregados na porta. "Com pessoas dessa mentalidade", disse o policial, "é preciso muito esclarecimento e leitura"[404]. Isso lembra o infame interrogatório de Harry Miller pela polícia de Humberside em janeiro de 2019, pelo pecado de curtir e compartilhar tuítes "antitrans". Miller ouviu uma lição de moral de 34 minutos de um policial que disse que ele precisava "reavaliar sua mentalidade"[405]. A polícia do pensamento é uma realidade. O politicamente correto chegou ao estágio do autoritarismo – o exame da consciência alheia em busca de qualquer ideia controversa ou qualquer sinal de ousadia intelectual. Até mesmo ter uma opinião contrária aos temas trans é ódio, enquanto a caça diuturna a Rowling é "ativismo".

Como explicar isso? Essa situação estranha, na qual um movimento que faz de tudo para perseguir o "discurso de ódio", para humilhar e punir qualquer opinião de que discorde, também deu origem a uma das mais odiosas cruzadas do nosso tempo: a demonização de J. K. Rowling. É tentador ver isso como mera

---

402. *BBC News*, 27 de janeiro de 2022.
403. *Pink News*, 5 de setembro de 2019.
404. Bella Doe, *Twitter*, 14 de agosto de 2022.
405. *Hull Daily Mail*, 25 de janeiro de 2019.

hipocrisia. Como consequência da exaltação da hipocrisia, sempre vendo o pecado dos outros, mas nunca o seu próprio. O movimento trans não será o primeiro da história mais preocupado com o cisco nos olhos do outro e menos com a trava em seus próprios olhos.

Mas não é só isso. O fato de boa parte do discurso de ódio ser praticado ou ao menos estimulado por um movimento que se diz contra o discurso de ódio não é um acidente. Não é uma falha na Matrix. Não, é consequência da própria ideologia antiódio, do império do controle e da censura ao ódio que se expandiu e se tornou muito poderoso no século XXI. Precisamos reavaliar os propósitos da guerra das elites ocidentais ao ódio, a ânsia delas em escrever leis e códigos de conduta no trabalho e manuais de policiamento para conter o que elas veem como um mal. Porque isso não tem nada a ver com combater o mal. Isso tem a ver com *sancionar* o mal.

A cruzada contra o ódio na verdade nos dá autorização para odiar. Nos dá uma licença para odiar. Ao indicar continuamente quais ideias já não são mais aceitáveis, seja ela a ideia de que um homem não pode se tornar mulher ou a de que o casamento entre pessoas do mesmo sexo é imoral ou ainda que o islã é retrógrado, as estruturas do discurso de ódio nos convidam a atacarmos essas ideias e, por consequência, as pessoas que as expressam. Ao marcar metaforicamente certas ideias com um enorme "O" de "ódio", o novo império da censura incita o ódio contra essas crenças. Ao dizer que certos grupos sociais e religiosos disseminam a doença do ódio, a ideologia do antiódio inflama o ódio. Você talvez odeie o ódio; ou melhor, você *deve* odiar o ódio, porque senão como eliminaremos essas influências profanas da sociedade?

Por isso não é por acaso que Rowling é tão odiada por aqueles que se dizem contra o ódio. Tampouco é por acaso que nossa sociedade se sinta tão vítima das cruzadas de ódio, apesar do aumento incansável das leis contra o ódio. É porque essas leis fomentam o ódio. O ódio é o filho bastardo e irônico do antiódio.

As pessoas já devem ter percebido que o ódio é o companheiro inseparável da guerra ao ódio. As universidades estão cheias de códigos de conduta e espaços seguros criados para manter o ódio afastado, e mesmo assim observam o ódio que se apodera dos alunos assim que um representante de Israel aparece no *campus*. Aí eles "jogam cadeiras, quebram janelas e disparam os alarmes contra incêndio", num daqueles absurdos momentos de êxtase do medo[406]. A imprensa progressista diz repudiar o ódio e mesmo assim celebrou quando o romancista Ian McEwan brincou com a morte de idosos e com o benefício dessas mortes para o país. "1,5 milhão de velhotes, a maioria deles a favor do Brexit, recém-enterrados", fantasiou McEwan em 2017. E que alívio seria se livrar dessa "gangue de velhos ranzinzas que se irritam mesmo quando saem vitoriosos" e que amaldiçoaram o Reino Unido com o Brexit[407]. O pessoal do antiódio escutou tudo isso calado. Não participe do ódio aos idosos, nos alerta o lado certo, mas aí estão eles imaginando tirar dos velhos o direito ao voto. "Deveríamos proibir idosos de votar", disse um articulista da *GQ* que, em 2016, e como muitos na grande imprensa, ainda estava de luto pelo Brexit[408].

Não humilhe os mais fracos, diz a mentalidade politicamente correta. Humilhar os mais fracos, isto é, tirar sarro de alguém política ou culturalmente menos poderoso do que você, é algo digno de repreensão hoje em dia. Ainda assim, como vimos, eles humilham até perderem o fôlego aquele "enxame de presuntinhos", aqueles "pobres com cara de leitão", aquelas pessoas assustadoras que parecem "carne de dar para os cachorros". Essas pessoas você pode odiar. Na verdade, é praticamente obrigatório odiar as massas com cara de presunto em certos circuitos de jantares finos.

---

406. *Daily Mail*, 20 de janeiro de 2016.
407. *Guardian*, 12 de maio de 2017.
408. *GQ*, 14 junho de 2016.

O ódio racial, claro, é o maior pecado do nosso tempo. Mas eles abrirão uma exceção para negros e asiáticos que se desviam do que é visto como o jeito certo para negros e asiáticos pensarem e se comportarem. Pense nos não brancos do Partido Conservador. Eles são "apenas peões no jogo da supremacia branca"[409]. São "pessoas de pele escura usando máscara de conservador", lia-se num texto publicado no *Guardian*[410]. Um jornal que chamou a ex-ministra do interior Priti Patel de "uma vaca com argola no nariz"[411]. Então é aceitável, mesmo nesta era de antiódio, descrever pessoas não brancas como animais novamente. Milícias virtuais de pessoas que supostamente lutam contra o ódio chamam conservadores ou republicanos negros de "vendidos" e "capitães-do-mato"[412]. Quando vazou a notícia de que a Suprema Corte dos EUA reverteria a legalização do aborto, foi o ministro negro e pró-vida, Clarence Thomas, quem se tornou o maior alvo da multidão ensandecida. "Só outro crioulo idiota", "filho da puta trambiqueiro", "crioulo pau-mandado da esposa louca" – disseram bons progressistas antiódio sobre Thomas[413]. Samuel L. Jackson o chamou de "capitão-do-mato"[414]. Talvez ele não seja negro de verdade, como disse certa vez Joe Biden de afro-americanos que cogitavam votar em Trump[415].

Então o ódio racial é ruim, mas só se toda minoria étnica aderir à visão de mundo esquerdista e progressista. Todo ódio racial é ruim, menos o de tratar negros e asiáticos como representantes de sua raça, e não como indivíduos capazes de tomar decisões autônomas.

---

409. *Huffington Post*, 25 de julho de 2019.
410. *Guardian*, 25 de julho de 2019.
411. *Guardian*, *Metro*, 9 de junho de 2020.
412. *Daily Mail*, 2 de maio de 2018.
413. *spiked*, 26 de junho de 2022.
414. *Hollywood Reporter*, 25 de junho de 2022.
415. *CNN*, 22 de maio de 2020.

Menos o de chamar qualquer pessoa de minoria ética que ouse se desviar da narrativa política criada sobretudo por progressistas brancos de traidor, peão, nazipardo e capitão-do-mato. É o caso da denúncia, por parte de um acadêmico progressista, do apresentador britânico negro Trevor Phillips, chamado de "capitão-do-mato moderno" por "desprezar suas origens"[416].

E assim se perpetua o paradoxo do ódio. Não seja misógino, a não ser em relação àquelas vadias que não acreditam que homens podem se transformar em mulheres. Não seja homofóbico, a não ser quando se tratar daquelas bichas velhas da LGB Alliance. Não seja classista, a não ser que se veja confrontado por um daqueles insuportáveis presuntinhos. Não seja gordofóbico, exceto contra aqueles balofos das regiões a favor do Brexit que nos tiraram da União Europeia.

Em junho de 2016, pesquisadores, para a diversão dos difamadores, descobriram que "regiões com altos níveis de obesidade tendem mais a votar pelo Brexit"[417]. "Gordos racistas", disse um parlamentar trabalhista sobre os eleitores pró-Brexit[418]. Não demonizem as comunidades de descendentes de imigrantes, a não ser que sejam judeus. E talvez hindus também. Assista à disseminação do Socialismo dos Tolos entre a esquerda britânica que é considerada consumidora de ideologias de extrema direita, de uma "bile chauvinista" e de "ideias perniciosas" e de "chauvinismo hindu"[419]. Não há proteção politicamente correta para as críticas a esses povos. Virem-se, seus odiadores.

Ou pense na *cultura* do debate público atual. É impiedosa. É quase violentamente intolerante. O cancelamento é o futuro dos que cometem o menor dos equívocos intelectuais. E o cancelamento

---

416. Kehinde Andrews, *Twitter*, 9 de março de 2020.
417. *ITV*, 30 de junho de 2016.
418. *Spectator*, 26 de agosto de 2020.
419. *Socialist Worker*, 24 de setembro de 2022.

vem sempre acompanhado pelo ódio. Na verdade, o cancelamento *é* o ódio. É uma declaração de que você odeia tanto a pessoa e o que ela representa que busca a exclusão permanente e irreversível dela das universidades, redes sociais, do mundo. É uma execução metafórica por heresia. A pessoa ainda pode estar viva, sim, mas não nos lugares onde você pode encontrá-la. Você o eliminou. Uma punição medieval, fomentada pelo ódio.

O mais impressionante é que é entre os jovens, entre os mais contaminados pela ideologia do antiódio, que essa falta de piedade social impera suprema. Chimamanda Ngozi Adichie entendeu bem o fenômeno. Ela escreve sobre os "ataques a sangue-frio" em alguns círculos – "uma ânsia de receber, receber, receber, e nunca dar", "uma sensação coletiva de que o mundo lhe deve algo", "uma postura cômoda em relação à desonestidade e pretensão e egoísmo protegidos pela linguagem do autocuidado", "um nível incrível de ensimesmamento", "uma linguagem cheia de meandros, mas pouquíssima inteligência emocional", "uma sinalização apaixonada de virtude que se dá no espaço público do *Twitter*, mas não no espaço íntimo de uma amizade". E, claro, "uma expectativa irreal de que os outros sejam puritanos". E os jovens "exigirão que você denuncie seus amigos por motivos torpes a fim de que você continue fazendo parte da turma dos escolhidos puritanos", diz Adichie. Eles lhe dirão para "ir estudar" embora não tenham lido nenhum livro. Eles "usarão as palavras 'violência' e 'agressividade' como tridentes". O resultado? Uma nova geração que morre de medo de dizer a coisa errada, de pensar algo errado e de se ver "atacada pelos seus pares".

"A presunção de boa-fé já era", diz Adichie. "O que importa não é a bondade, e sim a aparência da bondade. Não somos mais seres humanos. Somos agora anjos empenhados em 'desangelizar' um ao outro. Que Deus nos ajude. É obsceno"[420].

---

420. chimamanda.com, 15 de junho de 2021.

É mesmo obsceno. Mas é também lógico. Uma sociedade que considera ideias e pessoas como "sinais de ódios" não deveria se surpreender ao perceber o surgimento de novas formas de ódio. Odiar o ódio é o maior objetivo progressista do nosso tempo. Ao mesmo tempo, odiar é ser virtuoso hoje em dia. Você só precisa odiar as coisas e as pessoas certas. Os que já foram acusados de ódio, odeie-os. Cristãos tradicionais, velhos brancos com ideias políticas ultrapassadas, feministas críticas à ideologia de gênero, apoiadores do populismo, pessoas que fazem críticas à imigração, os que se opõem religiosamente ao casamento entre pessoas do mesmo sexo, negros intelectualmente desobedientes, grupos bem-sucedidos e "privilegiados" de imigrantes que tendem a votar na direita. Esses trazem a marca do ódio. Esses vocês podem odiar.

Leis contra o discurso de ódio não são esforços dos governantes para que nossas sociedades deem origem a comunidades mais gentis e justas, e sim como tentativas de determinar o que é aceitável ou não pensar e dizer. Os limites ao discurso de ódio são, na verdade, uma linha desenhada na areia da moralidade (uma linha que está sempre mudando de lugar), estabelecendo quais crenças são ou não permitidas. A antiga discussão das elites europeias sobre o discurso de ódio deixa claro que o termo não se refere apenas a manifestações de racismo ou antissemitismo. Ele também se refere àquelas ideias que as elites consideram indesejáveis ou incorretas, ou ainda merecedoras de ódio.

A definição de ódio é tão frágil que uma fala não precisa nem ser violenta para acabar considerada "discurso de ódio". Em 2008, num relatório produzido pela Corte Europeia de Direitos Humanos, lia-se que "a identificação das expressões que poderiam ser qualificadas como 'discurso de ódio' às vezes é difícil porque esse tipo de discurso não se manifesta necessariamente pelo ódio explícito"[421]. Aparentemente, o ódio "também pode estar oculto

---

421. Conselho Europeu, novembro de 2008.

em discursos que à primeira olhada parecem racionais e normais". Assim, o discurso perfeitamente "normal" e isento de ódio pode, depois de uma análise detida, ser considerado um discurso de ódio. Quem toma essa decisão? Quem é divinamente sábio para dizer que uma fala "normal" é discurso de ódio? A Agência Europeia para Direitos Fundamentais é ainda mais vaga. Sim, o termo "discurso de ódio" se refere à "incitação ou estímulo ao ódio, à discriminação ou à hostilidade em relação a um indivíduo, sendo tudo isso motivado pelo preconceito contra uma característica específica da pessoa", lê-se. Mas entre os discursões de ódio "estão um espectro mais amplo de atos verbais", como "o debate público desrespeitoso". Então é discurso de ódio ou de desrespeito? É o desprezo pela pessoa ou só a falta de educação em suas interações? É racismo ou grosseria[422]?

Como diz Paul Coleman no livro *Censored: how european "hate speech" laws are threatening freedom of speech* [*Censurado: como as leis europeias contra o discurso de ódio ameaçam a liberdade de expressão*], essa definição vaga do ódio é encontrada em leis de verdade. Na Alemanha, é crime "insultar", sendo que o insulto é definido como "um ataque ilegal à honra de outra pessoa, por meio de demonstração intencional de desrespeito". Na Grécia, você pode ser preso por ódio se demonstrar "falta de respeito" em relação a Deus. Na Espanha, até mesmo rir dos ateus, "tirando sarro publicamente dos que não professam nenhuma religião ou crença", é um crime de ódio em potencial. A subjetividade da ideologia antiódio é ainda mais evidente no Reino Unido. Aqui, juntamente com a Lei da Ordem Pública, a Lei de Comunicações Mal-Intencionadas e a Lei do Ódio Racial e Religioso, todas leis que criminalizam certas formas de discurso odioso, prejudicial ou alarmante, "ofensas de

---

422. COLEMAN, Paul. *Censored: How European 'Hate Speech' Laws are Threatening Freedom of Speech.* KAIROS Publications, 2016.

ódio não-criminosas". Ou seja, qualquer "transgressão que pode ou não constituir crime", mas que é "percebida pela vítima ou por qualquer outra pessoa como um ato motivado pelo preconceito ou ódio". Qualquer outra pessoa. Qualquer um mesmo. Basta que um indivíduo acredite que algo que você disse ou fez é ódio para você ser considerado malvado. Como diz Coleman, "a percepção é a realidade" no mundo do policiamento do ódio.

Essas leis com definições vagas do ódio levaram à punição ou ameaça de punição de milhares de pessoas na Europa. E não apenas pelo velho ódio de raça, mas também por dar voz a posturas morais de que a elite do século XXI simplesmente não gosta muito. Como o cardeal belga ameaçado de processo por dizer que muitos *gays* e lésbicas são "pervertidos sexuais". Ou o bispo espanhol brevemente investigado por dizer que a homossexualidade "é uma forma deficiente de expressar a sexualidade". Ou a mulher austríaca condenada por fazer comentários "desrespeitosos" em relação ao profeta Maomé. Ou a prisão de vários pregadores do Reino Unido por darem publicidade ao que a Bíblia diz sobre a homossexualidade (uma visão nada positiva). Um deles, em Manchester, em 2011, foi preso e mantido sob custódia por 19 horas por pregar que Deus odeia o pecado da homossexualidade (mais tarde ele recebeu uma indenização por ter sido preso sem justificativa). Ou a igreja no interior da Inglaterra que foi investigada pela polícia em maio de 2014 por exibir um cartaz mostrando as chamas do inferno, juntamente com os dizeres "Se você acha que Deus não existe, é melhor que tenha certeza disso". Um transeunte se sentiu ofendido, chamou a polícia e eles registraram o caso como "incidente de ódio". No passado, os hereges ouviam dizer que iriam para o inferno – hoje é uma heresia que cristãos mencionem o inferno[423].

---

423. *Idem.*

Os casos da fé cristã considerada "incidente de ódio" confirmam que tudo pode ser considerado ódio hoje em dia. Qualquer ideia excêntrica ou controversa ou simplesmente impopular pode ser interpretada como uma ideia desprezível ou prejudicial que os vigilantes do ódio devem exterminar. Entre outras ofensas não criminais de ódio registradas no Reino Unido estão os já mencionados tuítes "antitrans" publicados por Harry Miller – e que incluíam um poeminha humorístico – e até um discurso de 2017 da então secretária do interior Amber Rudd sobre imigração. Um professor de Oxford se sentiu ofendido pelo discurso, apesar de não tê-lo visto nem lido, e o denunciou à polícia, que imediatamente o registrou como "incidente de ódio", juntamente com várias outras ofensas nos anais cada vez mais caudalosos dos crimes de pensamento[424]. Todos os casos acima citados fazem referência a crenças políticas e morais, seja sobre o caráter profano da homossexualidade ou as fraquezas de Maomé ou a irrealidade da ideologia de gênero. Você pode concordar ou não com essas ideias. Você pode achar que essas pessoas estão certas ou que são repugnantes. Isso é com você. Mas deveríamos rejeitar com veemência o direito das autoridades de criminalizarem crenças morais como se fossem "ódio". Porque o que é "discurso de ódio" para um é a convicção de outro.

Harry Miller processou o Departamento de Polícia de Humberside por violar sua liberdade de expressão e ganhou. O juiz disse que a polícia tinha "menosprezado uma liberdade democrática fundamental". "Neste país nunca tivemos a Cheka, Gestapo ou a Stasi", disse ele. "Nunca vivemos numa sociedade orwelliana". Mas agora vivemos. A patologização secular de certos credos e ideias como "ódio" e a punição deles como tal representam uma interferência intolerável no direito de pensar e falar livremente. Não é legítimo investigar o ódio – uma emoção, um sentimento

---

424. *Article*, 4 de maio de 2021.

– assim como não é legítimo investigar o pensamento. Assim como aconteceria com a classificação "crimideia", a classificação "discurso de ódio" deveria causar repulsa em quem acredita na liberdade de expressão. Na verdade, eles são a mesma coisa. Aquele policial que disse que estava "averiguando o pensamento" de Harry Miller estava sendo honesto – o policiamento do ódio é a investigação do pensamento.

A ideologia do antiódio contamina praticamente todos os aspectos da vida. Universidades, empresas, redes sociais – todas agora têm códigos de conduta justificados pela linguagem empolada que pretende deter o ódio. E essas regras privadas geralmente são ainda mais abrangentes do que as públicas. Pensemos em plataformas de redes sociais como o *Twitter*, de onde, antes de Musk, você podia ser banido para sempre por se referir a um homem biológico que se identifica como mulher pelo pronome "ele". O controle do ódio no passado tinha a ver com o combate a excrescências como o racismo – hoje ele pune a expressão de *fatos biológicos*. Esse é o império cada vez maior do policiamento das emoções. O fato de a guerra ao ódio ter se modificado e crescido, deixando de lado o castigo ao ódio racial e passando a punir com o silenciamento virtual todos os que ousam dizer o nome de batismo de um trans, é a confirmação mais clara de que a censura é um monstro insaciável. Somente um tolo acreditaria que a censura pode ser adestrada para devorar apenas as ideias de que não se gosta. Uma vez que se tire a coleira da censura, não há como pará-la.

Passamos da criação de leis contra o ódio racial e hoje, no Reino Unido, temos uma situação em que a polícia avisa os usuários do *Twitter* que eles não devem incomodar um pedófilo. "A polícia de Sussex não tolerará nenhum comentário de ódio em relação à identidade de gênero de uma pessoa, independentemente dos crimes por ela cometidos", disseram esses policiais depois que tuiteiros se referiram a Ann Dixon, um pedófilo homem que se identifica como mulher, como "cara". Aí está a nobre guerra ao ódio. É nisso que deu. Num homem que abusou sexualmente de sete crianças em duas décadas sendo protegido do insulto "indigno" de ser chamado corretamente de homem. Permita que as autoridades punam a emoção e você lhes dará poder de punir todas as emoções, inclusive a de odiar a pedofilia.

Ao penalizar o ódio, as autoridades deram sinal verde para o ódio. A perseguição criminal a padres que não aprovam a homossexualidade, a censura acadêmica a feministas que criticam a ideologia de gênero, o cancelamento virtual de tudo que os milionários do Vale do Silício consideram "ódio" – tudo isso transforma certas crenças e as pessoas que nelas acreditam em alvos. Sob o disfarce de combater o ódio, os poderosos incitam o ódio. O ódio de quem pensa diferente, dos que são religiosos ortodoxos, dos transfóbicos, dos que blasfemam contra Maomé. Ódio dos que transgridem a moral. Ódio dos hereges. É isso o que realmente significa a acusação de "discurso de ódio" – que você é um herege e suas ideias e estilo de vida são uma afronta às novas elites que policiam e impõem a distinção entre o pensamento "normal" e o "de ódio".

Já passamos por isso. Essa é a versão secular da Inquisição. Aquele ataque à heresia também foi alimentado pelo ódio aos odiosos[425]. "O ódio perfeito", era como alguns inquisidores chamavam, em referência a Salmos 139, 21: "Não odeio eu, ó Senhor, aqueles que te odeiam, e não me aflijo por causa dos que se levantam contra ti? Odeio-os com ódio perfeito; tenho-os por inimigos".

O ódio perfeito está de volta. A vontade de punir os que odeiam – desta vez não os que odeiam Deus, e sim os que odeiam certos grupos e ideologias – tomou conta da Europa mais uma vez.

---

425. MICHAEL, Robert. *Holy Hatred: Christianity, Anti-Semitism and the Holocaust*. Palgrave Macmillan, 2006, 143.

A esses novos Torquemadas, deveríamos mostrar a sabedoria do maior oponente da Inquisição, Spinoza. "Num Estado livre todos podem pensar como quiserem e dizerem o que quiserem", dizia ele. "O governo que tenta controlar a mente é tirânico, e isso é um abuso à soberania e uma usurpação dos direitos dos súditos".

É a tirania o que devemos odiar, seja ela religiosa ou secular, seja ela justificada para proteger Deus ou a sociedade do ódio. O ódio perfeito não tem lugar numa comunidade livre e civilizada.

CAPÍTULO 9

OS FINGIDORES

Conheça os Fingíndios. Eles são os brancos norte-americanos e canadenses que fingem ser índios. Que se fantasiam, às vezes durante anos, de membros dos povos nativos. Que usam mantos tradicionais e cocares de penas e se fazem chamar de Ursa da Estrela da Manhã, apesar de não terem uma única gota de sangue indígena nas veias. Que se declaram ao mundo como membros das tribos Cherokee ou Cree ou Métis, por mais que descendam de brancos que desceram dos navios há poucas décadas. Eles estão cometendo "fraude étnica", diz um escritor nativo norte-americano, e eles são muitos[426].

Um exemplo é Carrie Bourassa, professora de saúde comunitária e epidemiologia na Universidade de Saskatchewan, no Canadá. Ela é especialista em temas indígenas também. Ou pelo menos é o que ela diz. Em 2019, ela deu uma palestra na qual segurava uma pena e usava uma túnica azul ao estilo indígena. "Meu nome é Ursa da Estrela da Manhã", disse ela para a plateia. "Ah, tenho que dizer, até me emociono. Sou do clã Urso. Sou Anishinaabe Métis do Território os Quatro Tratados"[427]. A audiência ficou lá, absorvendo tudo aquilo e encantada por estar na presença dessa mulher cuja identidade parecia mais exótica e autêntica do que a das pessoas que assistiam à palestra. Bourassa chorou ao se dizer

---

426. *New York Post*, 1º de janeiro de 2022.
427. *Washington Post*, 2 de novembro de 2021.

cercada "pelo espírito de seus ancestrais"[428]. Um desses espíritos era o de seu avô Métis, que a levava para caminhar e colher frutas, disse ela, e que uma vez lhe deu um par de mukluks (botas feitas com pele de foca).

Só havia um problema: era tudo mentira. O perfil de Bourassa no *Instagram* dizia ao mundo que ela era uma feminista nativa e uma Métis orgulhosa de sua origem e viciada em café com leite – mas, nas palavras impiedosas do *New York Post*, "somente a preferência dela pela cafeína era verdadeira"[429]. Em 2021, ela foi denunciada como mais uma fraude étnica. Um grupo de pesquisadores que suspeitavam da origem nativa dela investigaram sua árvore genealógica e descobriram que ela na verdade tinha origem suíça, húngara, polonesa e tcheca, "sem nenhuma gota de sangue indígena"[430]. Ela cresceu numa família de classe média. O pai dela era dono de um negócio de lavagem de carros. Fotos a mostravam ao lado de seus avós de origem europeia, bem diferentes dos avós que supostamente a levavam para a floresta a fim de depelar animais.

Bourassa saiu ilesa de sua versão canadense de "escurecimento". Ela tirou enorme proveito disso, recebendo honras acadêmicas com base em suas histórias nativas e chegando até mesmo a se tornar diretora científica do Instituto Canadense de Saúde dos Povos Nativos. Nada mau para uma mulher de origem na classe média e ascendência suíça-húngara-polonesa. Depois que a mentira foi revelada, ela pediu demissão de todos esses cargos influentes e bem-remunerados.

Outro exemplo é Joseph Boyden, o romancista canadense de sucesso que durante anos disse ter origem nativa. Essa história parece ter começado, em parte, com o tio dele, que era um conhecido

---

428. *Idem.*
429. *New York Post*, 1º de dezembro de 2021.
430. *Idem.*

personagem nativo do Canadá nos anos 1950. Ou mais ou menos isso. O nome dele era "Injun Joe" e ele usava um cocar enquanto vendia curiosidades na entrada do Parque Algonquin, em Ontário. O nome real de Injun Joe, contudo, era Earl Boyden, e ele era filho de "um rico comerciante de Ottawa cuja família remonta a Thomas O'Boyden, em Yorkshire, Inglaterra"[431]. Mas já naquele tempo se sabia que Injun Joe não era índio. Um artigo de 1956 na revista *Maclean* já falava sobre esse homem estranho e muito querido dos visitantes do Parque Algonquin, e que parecia índio, pensava como índio e passava boa parte do tempo entre índios, "mas que não tinha uma única gota de sangue índio no seu corpo"[432].

Avance algumas décadas e o sobrinho desse cara está dando o mesmo golpe, se bem que de uma forma muito mais sofisticada do que simplesmente usar um cocar e ficar vendendo bugigangas nativas para turistas. Agora os fingíndios ganharam respeito. Eles escrevem romances e têm cargos nas universidades e dão palestras, o tempo todo se dizendo cercados por espíritos de seus ancestrais sofridos e injustiçados. Joseph Boyden "não se apropria culturalmente" dos cocares indígenas, como fazia seu tio Injun Joe. Ele escreve romances com temas indígenas. Ele trata "as histórias nativas como suas", dizem seus críticos, e "ganha fama e fortuna com isso"[433].

Os Injun Joes do século XXI estão por todos os cantos. Até Sacheen Littlefeather (1946-2022), uma das mais conhecidas nativas norte-americanas das últimas décadas, parece ter sido uma fingíndia. Ela ganhou fama mundial depois que Marlon Brando (1924-2004) a enviou para receber seu Oscar de Melhor Ator por *O Poderoso Chefão*, em 1973. Ela subiu ao palco usando trajes típicos

---

431. *APTN*, 23 de dezembro de 2016.
432. *Idem*.
433. *Vice*, 12 de janeiro de 2017.

e flores nos cabelos. "Sou apache", disse ela aos dignatários da indústria cinematográfica, antes de anunciar que Marlon Brando recusava o prêmio num protesto contra "o tratamento dado aos índios norte-americanos na indústria do cinema atual". A plateia vaiou (algo que jamais aconteceria no Oscar hoje em dia) e Littlefeather entrou para a história como a nativa norte-americana que enfrentou os homens de Hollywood.

Só que, ironicamente, era tudo mentira. Depois que ela morreu, em outubro de 2022, a família de Littlefeather disse que ela não tinha ancestrais nativos. "A índia Littlefeather que provocou furor no Oscar era uma fraude, dizem as irmãs", foi a manchete escandalosa do *Times*[434]. Ela não era Apache, e sim filha de uma branca e um mexicano. O nome dela era Maria Louise Cruz. "Nossa família não tem identidade tribal", disseram as irmãs dela. "Foi uma fraude", disse uma delas sobre a vida de Littlefeather interpretando uma nativa norte-americana. "Isso é revoltante para a herança cultural dos povos nativos"[435].

Há algo de interessante no fato de que o ataque a Hollywood por retratar injustamente os índios norte-americanos tenha vindo de alguém que passou a vida imitando os índios norte-americanos. Uma atriz enganando atores. Esse momento hoje celebrado na história do cinema – a Academia pediu desculpas a Littlefeather pela recepção hostil que ela recebera em 1973 e promoveu um evento em honra dela em setembro de 2022 – tinha em si algo de hollywoodiano, envolvendo o uso de figurinos e a interpretação da dor. Hollywood talvez tenha a tendência de retratar os nativos norte-americanos como pessoas estranhas e violentas, com os índios sempre ameaçando os caubóis. Mas ao se fazer passar por uma apache, por uma vítima da história, Littlefeather também estava

---

434. *The Times*, 24 de outubro de 2022.
435. *Rolling Stone*, 22 de outubro de 2022.

caricaturando os índios a fim de defender um argumento cultural sobre os Estados Unidos. Não o de que os índios atrapalharam a ousada expansão para o oeste no século XIX, e sim que a expansão em si foi o problema, uma espécie de genocídio perpetrado para saciar a fome de terra do homem branco.

O golpe Brando/Littlefeather marcou uma espécie de virada no *ethos* cultural contemporâneo. Marcou uma mudança na qual a elite cultural deixou de usar atores fantasiados de índios a fim de defender o bom-mocismo dos Estados Unidos, e passou a usar *a si mesma* fantasiada de índio para expressar a maldade dos Estados Unidos. Do autoelogio ao auto-ódio. Da fantasiação dos povos nativos à fantasiação dos Estados Unidos em si.

O problema não são apenas os fingíndios. Há outras formas de fraudes raciais também. Brancos se fingindo de negros, por exemplo. Todos conhecem o caso de Rachel Dolezal, presidente de uma regional da Associação Nacional de Defesa das Pessoas de Cor nos Estados Unidos e que foi denunciada em 2015 como uma mulher branca se passando por negra. A pele bronzeada dela e o cabelo encaracolado faziam parte da interpretação cínica de negritude. Mesmo depois de ser exposta como filha de brancos de origem alemã, tcheca e sueca, e da descoberta de fotos da infância nas quais se vê que ela é claramente uma menina branca de olhos azuis e cabelos lisos e loiros, Dolezal insistiu em se dizer negra. "Eu me identifico como negra", disse ela em 2017. Ela talvez não seja negra, mas *se sente* negra, e para ela isso basta para torná-la negra.

Outro caso é o de Jessica Krug. Trata-se da acadêmica branca e nascida no Kansas que fingia ter ascendência norte-africana. Às vezes ela também se dizia uma negra de ascendência caribenha e que crescera no Bronx. Ela gostava de variar. Krug era professora na George Washington University, e sua linha de pesquisa era a África e a diáspora africana. Durante anos, ela em essência se "pretificou" – "A professora branca que se passa por negra", lia-se numa manchete sobre o caso[436]. Ainda que "encarnasse caricaturas grotescas" e "fabricasse histórias pessoais", foram necessários anos para que alguém percebesse a mentira. Ela disse que tinha sido abandonada pelo pai na infância e que uma vez fora estuprada. Às vezes ela se fazia chamar pelo nome Jess La Bombalera e dizia ser do Bronx – ou "da perifa". Ela dizia que a mãe era porto-riquenha e viciada em drogas. Em sua fala, ela costumava usar a expressão "é nóis" e usava o que um observador descreveu como "um sotaque fajuto do Bronx"[437]. Ainda assim, ninguém questionou nada. Durante anos. Ela simplesmente seguia na prestigiosa George Washington University, ensinando a "desmantelar a branquitude"[438].

Quando a verdade foi finalmente revelada, foi até difícil de acreditar. A srta. Krug ou a srta. La Bombalera da perifa era na verdade uma judia branca de Overland Park, um bairro de classe média alta e majoritariamente branco de Kansas City. Ela teve um *bat mitzvah* aos 13 anos. Ela frequentou algumas das mais prestigiadas escolas privadas do Kansas, incluindo uma que tem entre seus ex-alunos o cofundador do *Tinder* e o ex-porta-voz de Barack Obama, Josh Earnest. O Bronx, a mãe porto-riquenha viciada em drogas e o sotaque quase cômico – mentira em cima de mentira. Krug simplesmente adotou a versão cartunesca da mulher de minoria étnica e vida sofrida – e todos acreditaram. Todos assentiam enquanto ela interpretava essa versão barata da vida da mulher de cor.

Essa tendência de falsidade racial é importante. Esses episódios nos dizem algo importante sobre o nosso tempo. Eles nos dizem algo importante sobre a política identitária, esse credo que divide

---

436. *Washingtonian*, 27 de janeiro de 2021.
437. *Idem*.
438. *spiked*, 7 de setembro de 2020.

a sociedade e que cada vez mais reina supremo na vida pública anglo-americana do século XXI.

Os críticos dos fingíndios e dos negros falsos tendem a se ater aos ganhos financeiros dessas pessoas. Lori Campbell, da Associação de Relações Nativas da Universidade de Regina, no Canadá, falou da "preocupação, dentro das comunidades nativas", de que haja por aí pessoas "que estão fingindo ser nativas para ter acesso a recursos e oportunidades"[439].

Sem dúvida isso faz parte da moda do estelionato racial. Certos cargos acadêmicos e na iniciativa privada realmente exigem que se tenha a origem racial certa. Carrie Bourassa não teria chegado ao posto de diretora do Instituto de Saúde dos Povos Indígenas se não tivesse mentido. O mercado editorial, por sua vez, hoje está muito mais cauteloso quanto às histórias "autênticas" de pessoas com origem étnica minoritária, sobretudo se essas histórias incluem doses generosas de racismo e outros problemas sociais. Joyce Carol Oates tinha razão quando disse que os agentes literários consideram difícil "convencer editores a lerem romances de estreia de jovens escritores brancos". "Eles simplesmente não têm interesse", disse Oates[440]. Num mundo onde certas experiências étnicas são recompensadas nas universidades e no mercado editorial, é possível ganhar uns trocados a mais se você vestir um traje típico ou se trocar sua origem de menina judia de classe média pela identidade de uma mulher da periferia cuja mãe era drogada.

Mas há algo além da ambição financeira. Mais importante e preocupante, a ascensão dos estelionatários raciais tem consequências graves para a política identitária. Isso mostra como essa ideologia hiper-racialista reorganizou a vida social e intelectual das nações. Mostra como o racialismo criou novas hierarquias

---

439. *Global News*, 4 de novembro de 2022.
440. *Kirkus*, 25 de julho de 2022.

raciais que consideram que algumas experiências étnicas são boas e ensejam aspirações, enquanto outras são más e merecem desprezo. E revela o desejo de censurar e silenciar presente na ideologia identitária, de modo que até os mentirosos mais óbvios, acenando com penas ou falando com sotaque de favela, podem continuar com a mentira por anos sem que ninguém ouse questioná-las por medo de serem acusados de ofenderem, de negarem a realidade racial de alguém, de menosprezarem uma "experiência vivida".

Pegue o caso de Krug. Deve haver vários motivos para Krug viver fingindo ser a filha afrolatina de uma mãe viciada. Isso não é algo que uma pessoa normal faça. Mas culturalmente há uma lógica inegável no comportamento dela. Como vimos, vivemos num tempo de antibranquitude. A branquitude é tratada como marca do privilégio, como prova de uma alma possivelmente tóxica. Universidades e empresas estão cheias de planos para "curar" as pessoas de sua branquitude e exorcizar a "supremacia branca internalizada" delas. Na verdade, Krug fez sucesso na George Washington University falando da importância de "desmantelar a branquitude"[441]. Aí está a influência cultural hoje em dia, aí está a autoridade moral de hoje: em ser antibranco, em buscar purificar o mundo da praga da branquitude.

Em épocas assim, alguém realmente se surpreende com o fato de Krug dar um passo a mais e buscar se purificar da sua branquitude interpretado uma afrolatina? Além disso, Krug é judia – outra identidade que goza de pouca validação cultural no novo sistema de hierarquia racial. Os judeus são vistos como privilegiados e brancos demais. Eles são vistos como parte do problema. Estamos envolvidos numa cultura política obcecada em curar a branquitude; uma cultura que não se sente à vontade

---

441. *Spiked*, 7 de setembro de 2020.

com os judeus. Por que alguém como Krug não apagaria a própria história, criando uma origem falsa para si mesma?

Essa deve ter sido a tentativa desesperada dela de tentar escapar dos graves julgamentos raciais da era identitária. Krug estava fazendo, de uma forma extremada, o que muitos brancos hoje fazem: expressam vergonha de sua origem e até mesmo buscam se distanciar dela. O que é a prática de analisar o privilégio branco, por exemplo, senão um ritual de autoflagelação pelo pecado da branquitude[442]? Christopher Lasch notou há décadas a tendência de alguns brancos de adotarem a linguagem, as ideias e a cultura do "gueto". Pense na popularidade crescente do termo "mano", diz ele. A Lasch parecia que os brancos adotaram "a vulgaridade do gueto para expressar uma postura de alienação militante"[443]. Ele argumentava provocativamente que "a atração dos brancos pela cultura negra sugere que essa cultura hoje expressa uma *condição geral* cuja principal característica é a perda da fé no futuro".

É isso o que temos hoje, e de uma forma mais explícita. A política identitária intensificou a insatisfação dos brancos e ao mesmo tempo conferiu à cultura negra um prestígio moral mais elevado. O resultado é uma cultura popular na qual o branco se tornou símbolo do que é ridículo e o negro se tornou símbolo do que é "legal". Um mundo onde os brancos se ajoelham e imploram o perdão dos negros. Onde estudantes e trabalhadores são convidados a se submeterem a treinamentos a fim de que reconheçam sua branquitude e até de que se tornem "menos brancos"[444].

Não é isso o que Krug e Dolezal e Bourassa e todos os outros que falsificam sua origem racial buscam fazer – se tornarem menos

---

442. European University Institute, monitorracism.eu.
443. LASCH, Christopher. *Culture of Narcissism: American Life in an Age of Diminishing Expectations*. WW Norton, 1979.
444. *New York Post*, 23 de fevereiro de 2021.

brancos? Claro que a cultura política espera apenas que as pessoas se tornem "menos brancas" avaliando seu privilégio e reconhecendo o sofrimento negro, enquanto os estelionatários raciais se tornam "menos brancos" exagerando no bronzeado, adotando sotaques urbanos caricaturais e usando trajes tribais com penas. Mentindo. Mas em todos os casos o objetivo é o mesmo: menos branquitude. Krug e Bourassa só fizeram o que a nossa sociedade identitária exige de nós – livre-se de sua identidade má e aprenda com as identidades melhores e mais puras.

De certa forma, será que não nos tornamos todos fingidores hoje em dia? Diferentes formas de "estelionatos raciais" são encontradas por todos os lados. Entre os jovens brancos que falam as gírias dos negros, que parecem preferir a sensação da alienação negra a suas vidas aparentemente "caretas". Entre as mulheres brancas de classe média que se enfeitam com a parafernália do imaginário exótico oriental, seja o budismo tibetano ou o espiritualismo indiano. Não é isso apenas uma versão mais "normal" e educada das pantomimas identitárias vividas por pessoas como Jessica Krug?

Talvez também possamos argumentar que a nova geração que cultiva obsessivamente identidades sexuais esteja envolvida numa versão sexual do estelionato racial. Aqui o objetivo não é fugir da infame identidade da branquitude, e sim da maldição da heterossexualidade – aquele estilo de vida careta, arcaico e baseado na biologia que nenhum jovem moderno quer para si. Entre 2017 e 2021, a proporção de jovens norte-americanos da geração Z que se identificam como LGBTQ aumentou de 10,5% para 20,8%. No Reino Unido, 8% dos adolescentes e jovens adultos entre 16 e 24 anos se identificam como LGBTQ, em comparação com apenas 1% das pessoas com mais de 65[445]. Antes tínhamos a vergonha *gay*; será que hoje temos a vergonha hétero? Enquanto Dolezal exibe

---

445. *Spectator*, 24 de agosto de 2022.

seu cabelo pseudoafro e seu bronzeado artificial, eles pintam os cabelos de rosa ou azul e vestem o universo da moda dos curiosos sexuais. Não sou branco, não sou hétero, não sou *problemático* – essas são as afirmações dos estelionatários explícitos ou sutis na nossa imperdoável era de identitarismo.

Isso não é um argumento contra a chamada apropriação cultural. A obsessão *woke* com a apropriação cultural, que reprime aqueles que se desviam de sua suposta rota racial e entram no caminho de outra pessoa, é reacionária e iliberal. Ela está associada àquela consolidação da raça que já discutimos; à ideia retrógrada de que os negros e brancos são e serão para sempre diferentes, e por isso as relações entre eles devem ser policiadas e controladas com rigor. Não há absolutamente nada de errado com os brancos que gostam da cultura negra ou com os negros que gostam do que as elites chamam de "cultura branca", seja a Quinta Sinfonia de Beethoven ou as peças de Shakespeare. A raça de um artista não deveria ter significado algum. Todos nós, munidos do desejo humano de descobrir e aprender, deveríamos passear livremente pelo Reino da Cultura, sem nos preocuparmos com leis reacionárias ou lacradoras quanto ao que deveria ser a "nossa cultura".

Não, a questão é que boa parte da discussão atual nas identidades supostamente mais autênticas é motivada por uma crise da própria identidade; por um incômodo consigo mesmo; por uma sensação de que sua identidade é de alguma forma deficiente. Branco ou hétero ou simples demais – esse geralmente é o ponto de partida entre os que se envolvem nas várias formas de experimentação identitária, a tal ponto que às vezes ultrapassam a linha da fraude identitária. Esse é o verdadeiro problema da política identitária do século XXI: a forma como ela deslegitima certas identidades e a inevitável consequência que isso tem de semear a dúvida e até o auto-ódio entre aqueles amaldiçoados com uma identidade "problemática".

A questão é que a política identitária não celebra identidades – ela denigre as identidades. A deslegitimação da identidade é fundamental para a causa identitária. Ao longo desse processo, o indivíduo, sobretudo o branco, hétero e homem, tem sua nacionalidade, suas origens históricas e até sua sexualidade violentamente tiradas dele. Ele é estimulado a sentir vergonha de sua identidade. Então que tal encontrar uma nova identidade? Uma que seja menos masculina, menos hétero e menos branca? Chegamos à Era dos Grandes Fingidores, na qual as pessoas mentem. Em vez de *serem*, elas interpretam. Em vez de *saberem* quem são, elas pedem que os outros lhes digam quem elas são. Em vez de *viver*, elas buscam sempre, o tempo todo, uma fantasia ou papel novo que possa lhes garantir um pouco mais de afirmação por parte das elites identitárias. Este é o mais imperdoável dos pecados da política identitária: esse afastamento do indivíduo de si mesmo e de sua verdade, e a exigência de que ele peça desculpas pelo que ele é e se torne outra coisa totalmente diferente. O identitarismo nos transforma a todos em mentirosos.

Quanto a mim, a frase mais impressionante na era do identitarismo foi dita por Rachel Dolezal quando ela foi exposta por ser branca: "Eu me identifico como negra". *Eu me identifico como*... Aí está. O *cri de coeur* do nosso tempo. Nada expressa melhor a crise de identidade do que a expressão "eu me identifico como...". No passado, éramos. Você não se identificava com nada, você simplesmente era. "Sou sapateiro". "Sou mãe". "Sou católico". "Sou humanista". "Sou homem". Havia certa segurança e certeza no senso de identidade das pessoas e em suas declarações de identidade.

Hoje, em vez de serem alguma coisa, as pessoas se identificam com alguma coisa. "Eu me identifico como operário". "Eu me identifico como marxista". "Eu me identifico como *gay*". "Eu me identifico como mulher" (essa frase geralmente é dita tanto por homens quanto por mulheres. Na verdade, mais pelos homens.

A maioria das mulheres ainda dizem "sou mulher". Os homens contaminados pelo identitarismo é que dizem "eu me identifico como mulher"). E a fala infame de Dolezal: "Eu me identifico como negra". Ela não pode dizer "eu sou negra" – a realidade concreta ainda vale alguma coisa, ainda que não muito, em nosso tempo de relativismo. Mas ela pode se identificar como negra. Ela pode participar do Grande Fingimento.

A ascensão do "eu me identifico como…", da autoidentificação, é uma das características mais notáveis deste jovem século. Ela representa uma mudança do ser para o "estou sendo". De uma noção clara de presença num mundo para um sentimento de transiência. Das identidades baseadas no real para identidades que parecem hesitantes, inseguras e questionáveis. Essas quatro palavras, "eu me identifico como…", parecem surpreendentemente casuais. Elas dão voz a uma sensação de fluidez e mutabilidade. "Eu me identifico assim e assim agora" é o que está por trás dessa curiosa declaração contemporânea.

Na verdade, essa identificação extremamente personalizada geralmente vem acompanhada do reconhecimento de que a identificação pode mudar com o tempo, e mudar drasticamente. Por isso é que um ativista não binário pode nos dizer que ele (ela? eles?) "se identifica com os dois gêneros" por enquanto, mas "não sei quem serei, para onde vou nem com quem me identificarei no futuro"[446]. *Eu realmente não sei quem eu serei* – esse é um resumo da loucura e da perplexidade do nosso tempo.

A inconstância faz parte da natureza de algumas novas identidades. Você pode ser uma coisa num dia e outra diferente noutro. O *Daily Mail* contou o caso de uma pessoa trans que alterna entre o feminino e o masculino. Um dia ele/ela/eles "acorda e opta por usar vestido e sapatos de salto alto para o trabalho, enquanto em outros

---

446. *MTV*, 7 de dezembro de 2015.

ela é um homem e usa calça jeans larga e botas de operário"[447]. Há também a história de um empresário – ou empresárie – que se identifica como homem em alguns dias (Philip) e como mulher noutros (Pippa). Ele – a razão me obriga a descrever o sexo atual dele, e não seus gêneros imaginários – até chegou a ganhar um prêmio de empresária do ano, mas talvez tenha sido apenas por aqueles dias em que ele "usa peruca e vestido"[448].

A aleatoriedade do culto à autoidentificação está clara na frase "Eu *atualmente* me identifico como…". Há todo um universo de bate-papos virtuais com pessoas que atualmente se identificam como algo, com o uso dessa palavra, "atualmente", num sinal claro de que elas talvez não se identifiquem assim por muito tempo. Talvez eles passem de um sexo a outro, como Philip/Pippa, ou de uma classe social a outra ou de uma raça a outra, como Dolezal. Ou talvez até de uma espécie a outra. Nas periferias do identitarismo, a ascensão dessas bizarrices e dos neopronomes como "inho/eu-inho" explica a tendência a se desfazer da própria humanidade. "Ser humano é tão ano passado; o novo desafio é o transespecismo", diz o *Evening Standard*. "Há muitas pessoas por aí que sofrem de disforia de espécie hoje em dia", aparentemente "elas sentem que são uma espécie não humana presa num corpo humano"[449].

É estranho, mas faz sentido. Se brancos envergonhados podem se identificar como negros e se héteros envergonhados podem se dizer *gays*, por que seres humanos envergonhados, horrorizados com o comportamento humano e o impacto humano no meio ambiente, não poderiam se identificar como animais? Se você pode

---

447. *Daily Mail*, 21 de janeiro de 2015.
448. *Daily Mail*, 23 de setembro de 2018.
449. *Evening Standard*, 19 de abril de 2016.

se identificar como uma raça e sexo diferente, também pode se identificar como algo excluído da humanidade. A autoidentificação como algo pós-humano está aí.

Há um meme circulando e que diz que "Eu me identifico com" significa "Eu finjo ser". Há um quê de verdade nisso. Os fingíndios, e outros, realmente estão fingindo. Mas não podemos ser cínicos demais quanto à autoidentificação. Esse não é o tipo de postura consciente que alguns assumem. Ao contrário, isso reflete a fragilidade e a subjetividade da identidade humana hoje em dia. A substituição do "eu sou" pelo "eu me identifico com" conta uma importante história sobre o fim dos elos entre as experiências e a identidade das pessoas.

O mais interessante deste nosso tempo não é tanto a obsessão com a identidade, e sim a instabilidade dessa identidade. Querer ter uma identidade não é um problema. Como poderia ser? Tudo o que queremos é ser alguma coisa, seja nos definindo pelo que fazemos ou por aquilo no que acreditamos ou pelo que somos. A identidade operária, a identidade feminina, a identidade radical – todas tiveram um papel fundamental, nas últimas décadas, mudando para melhor as prioridades e princípios da sociedade.

Mas aquelas identidades eram reais. Elas eram moldadas pela experiência e trabalho e crença. Hoje as identidades são irreais. A identidade não é mais uma extensão ou uma expressão das nossas vidas. Ao contrário, é algo que você escolhe, de preferência a partir de uma lista de boas identidades. É algo que escolhemos e mudamos de acordo com a moda política. É algo que decidimos com base nas dicas dos guardiões do pensamento certo e dos influenciadores nas redes sociais. A identidade foi dissociada da vida e se tornou uma fantasia – e é melhor você escolher a fantasia certa. Este é o problema com a política identitária: não a busca pela identidade, e sim o deslocamento da identidade em relação à vida da pessoa.

Esse deslocamento dá origem a um mundo ridículo onde as pessoas podem "se identificar com" praticamente tudo o que quiserem, mesmo que a nova identidade não tenha nada a ver com a realidade. Como Dolezal fingindo ser negra. Ou Krug se fazendo de sobrevivente da "perifa". Ou o norueguês de 53 anos que hoje se identifica não só como mulher, mas também como deficiente físico. Ele diz que sente que "deveria estar paralisado da cintura para baixo"[450].

Mas a crise mais grave aqui é a corrosão das identidades reais. Todas as coisas com as quais as pessoas antes se identificavam – nação, religião, trabalho, família – foram esvaziadas. O mundo do trabalho foi desorganizado por completo. Funções tradicionalmente masculinas acabaram e funções mais leves e femininas surgiram, sendo que os contratos de curto prazo e participativos dominam o cenário. O nível de participação nos sindicatos está estagnado. A ação sindical, tirando uma ou outra grande greve aqui e ali, se dissipou.

A religião também perdeu força. No Reino Unido, a participação na igreja caiu de 10,6 milhões em 1930 para 5,5 milhões em 2010. Em 2013, esse número caiu para 5,4 milhões. Percentualmente, isso representa uma diminuição de 20 pontos, de 30% da população frequentando igrejas em 1930 para apenas 10% em 2013. Quanto à vida em família, a intervenção incessante do Estado babá em casa e a influência dos especialistas na criação dos filhos tiveram um impacto inexorável nas identidades de pai e mãe, tirando delas a verdade e a independência. Isso transformou os pais e as mães em "tutores" que precisam que as autoridades lhes deem "habilidades" para criarem os filhos[451].

---

450. *Reduxx*, 1º de novembro de 2022.
451. *Huffington Post*, 31 de maio de 2013.

É esse esvaziamento das antigas identidades o que fomenta a busca por novas identidades, por algo, qualquer coisa, que possamos usar para nos definir. Sem a identidade profissional, social e familiar, e sob orientação das elites que têm vergonha de suas identidades nacional e cultural, as pessoas se sentem cada vez mais perdidas, inseguras e sem identidade.

Isso é importante. É importante para o senso de identidade e para a liberdade das pessoas também. A política identitária fomenta a cultura do desconhecido. Desconheça a si mesmo, sinta-se inseguro quanto a si mesmo e confie nos outros para que eles digam qual identidade é boa e qual é ruim – é isso o que o culto ao identitarismo nos diz. A origem da filosofia ocidental, a origem da civilização ocidental em si, é marcada pelo dito "Conheça a ti mesmo". Esse conselho da filosofia grega da Antiguidade que ecoa pelo tempo foi pensado para estimular a autoconsciência, "uma busca pela autocompreensão", como diz uma versão contemporânea[452]. Dizem que isso foi gravado numa pedra na entrada do Templo de Apolo, em Delfos, na Grécia, tamanha a importância deste que é o mais humano dos ideais.

A política identitária, por outro lado, estimula a falta de conhecimento; uma separação tão profunda do eu que são necessárias forças externas para intervir e determinar quais experiências são más e merecem ser apagadas, e quais são boas e merecem ser adotadas. O identitarismo representa não apenas uma negação da política pós-racial esclarecida do liberalismo do fim do século XX, mas também daquele dito segundo o qual temos de conhecer a nós mesmos.

No lugar do "Conheça a ti mesmo", temos hoje o "Deixe-nos lhe dizer quem você deveria ser". Somos o tempo todo apresentados ao jeito certo de pensar, falar e ser. Livre-se da sua

---

452. *Uconn Today*, 7 de agosto de 2018.

identidade problemática e adote esta nova, dizem os senhores do identitarismo. Kant (1724-1804) tinha a resposta para essa tentativa de controlar nossas vidas. Em seu ensaio "O que é o Iluminismo", de 1784, ele reclamava dos que queriam nos dizer como pensar e existir. Ele reclamava dos "livros que pensam por mim, pastores que agem como a minha consciência e médicos que me dizem o que comer", o que significa "eu não preciso agir por conta própria". Esses "guardiões", dizia Kant, nos tratam como "gado", fazendo com que vejamos "a maturidade não apenas como algo difícil, mas também como algo extremamente perigoso". A solução para essa intromissão prejudicial? Ignorar. "Avance firmemente" e "cultive seu mundo interior", dizia Kant[453]. *"Tenha coragem de usar sua própria compreensão".*

É assim que deve ser hoje também. Lembre-se de que você sempre se conhecerá melhor do que eles o conhecem.

---

453. KANT, Immanuel. *An Answer to the Question: What is Enlightenment?* Penguin Great Ideas, 2009, 160.

CAPÍTULO 10

PALAVRAS FEREM

Palavras ferem, dizem. Essa é a base ideológica de boa parte da censura de hoje em dia – a ideia de que as palavras machucam como um soco. A imagem da violência é empregada em praticamente todos os pedidos de censura no Ocidente do século XXI. O discurso foi revisto como uma agressão, daí a palavra "microagressão". As pessoas falam da sensação de serem "atacadas" por palavras. "Palavras, como lanças e pedras, podem atacar, machucar e excluir" – essa é a tese de *Words that wound* [*Palavras que ferem*], um influente livro publicado em 1993[454]. Ativistas se dizem "apagados" por falas controversas ou com as quais eles discordam. Ativistas trans falam em "apagamento trans", como se as palavras do outro lado da batalha, o discurso das feministas críticas à ideologia de gênero, tivesse o poder de causar um genocídio.

Palavras fazem com que nos sintamos "inseguros", dizem. Veja a ascensão dos espaços seguros nas universidades, criados para garantir a segurança psíquica dos alunos contra a terrível ameaça de ouvirem uma ideia com as quais discordam. Os espaços seguros recriam o ambiente da infância, cheio de livros para colorir e sorvete, e mostram como alguns estão de fato determinados a se retirarem do mundo adulto das conversas que machucam[455].

---

454. MATSUDA, Mari J. *et al. Words That Wound: Critical Race Theory, Assaultive Speech, and the First Amendment.* Routledge, 1993.
455. *NC Spin*, 30 de janeiro de 2020.

As Nações Unidas se deleitam com "o discurso de ódio e o *dano real*" (grifo meu). A "transformação do discurso público em arma para ganhos políticos" pode levar à "estigmatização, discriminação e violência em larga escala", diz a entidade[456]. É melhor estar atento para essas palavras que ferem. Uma universidade norte-americana mantém até uma lista das "palavras que ferem". Nela está a expressão "e aí, galera?"[457]. Essa fala escandalosa "apaga as identidades das pessoas na sala" e "generaliza um grupo". Cale. Silencie esse ato de violência.

O castigo formal e informal das palavras está na crença de que elas podem ferir. Leis europeias dizem proteger as pessoas de falas alarmantes, incômodas e prejudiciais. Os senhores das redes sociais censuram o discurso pelo "bem-estar da nossa comunidade"[458]. Por todos os lados, a voz se eleva: palavras machucam, elas cortam como faca e podem ser usadas como armas para perseguir, aterrorizar, ferir, humilhar e denegrir"[459]. E da mesma forma que a lei nos protege de coisas assustadoras quando são feitas contra nossos corpos com os punhos e os pés, ela também deveria nos proteger quando essas coisas são feitas contra nossas mentes com palavras e ideias. Nosso bem-estar psíquico deve ser tratado com o mesmo respeito que nossa integridade física.

A tentação de muitos de nós que acreditamos na liberdade de expressão, na liberdade de todos expressarem suas crenças e ideias, é dizer que essa afirmação de que "as palavras ferem" é um libelo contra o discurso público. É dizer que o mote "palavras ferem" é uma inverdade cinicamente criada para descrever as palavras como uma arma poderosa e que contém tanta energia e calor que pode aniquilar

---

456. un.org.
457. *Business Insider*, 11 de agosto de 2016.
458. *NPR*, 9 de fevereiro de 2022.
459. MATSUDA, Mari J. *et al*. *Words That Wound: Critical Race Theory, Assaultive Speech, and the First Amendment*. *Op. cit.*

a autoestima e até nos fazer temer o apagamento, o extermínio total causado por um comentário ferino ou uma ideia incômoda. Na verdade, palavras são apenas palavras. Elas não são lanças, não são pedras; são *palavras*. Elas não o matam, não o machucam, você vai ficar bem. Dizem que as palavras são uma força da natureza diferente de todas as outras e a gente diz: "Relaxe. São apenas palavras".

Temos que parar de fazer isso. Precisamos parar de combater os censores acusando-os de exagerarem o poder e a potência das palavras. Precisamos parar de reagir a esse retrato do discurso como algo perigoso, como uma força desorientadora alegando defensivamente que as palavras não ferem porque são apenas palavras. Precisamos parar de reagir à insistência de tratar o discurso como uma arma, como uma ferramenta de perseguição e degradação, tirando delas o poder e dizendo que são apenas palavras. Como se o discurso fosse uma coisa menor, quase insignificante, uma coisa que mais acalmasse do que irritasse, que nos ajudasse a superar o conflito e não a atiçá-lo, que fosse um bálsamo para a sua alma e não uma faca a penetrar seu corpo.

Porque, quando fazemos isso, menosprezamos o poder das palavras. Incluindo o poder que as palavras têm de ferir. As palavras realmente ferem. É verdade. Palavras magoam as pessoas, humilham as instituições, abalam sistemas de crenças. Palavras fazem igrejas e ideologias tremerem. Palavras causam dor em sacerdotes e príncipes e ideólogos. Palavras causam desordem social. Palavras rasgam as ideias confortáveis com as quais pessoas e comunidades talvez se cubram há décadas ou séculos. Palavras perseguem os complacentes e degradam os poderosos. Palavras causam discórdia, angústia e até conflito. Todas as revoluções da história são produto de palavras, não? Ou seria *de ideias?* Palavras desestabilizam e desorientam. As pessoas têm razão quando às vezes dizem ter medo das palavras. Palavras são perigosas. Quando as pessoas dizem que as palavras ferem, deveríamos responder: "Concordo".

Mas aí é que está: é justamente porque as palavras podem machucar e por causa de seu poder de incomodar que as palavras jamais deveriam sofrer restrição. É justamente a energia imprevisível e a influência do discurso o que explica por que as palavras devem estar fora da jurisdição das autoridades terrenas. Porque nada que dê poder ao indivíduo, de tal modo que lhe permita semear ideias que um dia talvez possam mudar a sociedade para melhor, deve ser restrito. Dizem que o poder do discurso justifica sua censura e controle. Deveríamos dizer o contrário: o fato de o discurso ter poder é a maior justificativa para que ele seja livre, sempre e em todos os lugares.

Devemos apontar que, se as palavras ferem – e ferem –, a censura fere muito mais. Física, espiritual e existencialmente, a censura é mais prejudicial para o indivíduo e a sociedade do que o discurso irrestrito. Aqueles, em pleno século XXI, que se dizem atingidos pelas palavras deveriam reservar um tempo para ler a história dos hereges do passado e de hoje em dia. Quer ver sofrimento? Estude os julgamentos dos hereges.

Pense no exemplo de William Tyndale (1494-1536), um dos maiores hereges da história da Inglaterra. Tyndale foi um erudito religioso do século XVI que acabaria por se tornar um farol da Reforma Protestante. O crime dele, sua versão das "palavras que ferem", foi traduzir a Bíblia para o inglês. Isso era proibido na época. O conhecimento da Bíblia estava reservado aos padres, aos homens que sabiam latim e a estudiosos, não às massas anglofalantes. Como escreve F. L. Clarke na biografia *The Life of William Tyndale* [A vida de William Tyndale], os homens "bons e nobres" consideravam "um perigo pôr a Bíblia nas mãos das pessoas comuns – os pobres e ignorantes deveriam se contentar em ouvir apenas os trechos que os padres consideravam dignos de leitura nas igrejas; *eles* eram os pastores designados para alimentar as ovelhas"[460].

---

460. CLARKE, F. L. *The Life of William Tyndale*. Leopold Classic Library, 2015.

Tyndale discordava. E ele estava disposto a arriscar sua vida por isso. Ele dedicou a existência a traduzir, imprimir e distribuir a Bíblia. Proibido de fazer isso na Inglaterra, ele viajou para a Alemanha, onde a tradução que Lutero (1483-1546) havia feito do Novo Testamento começou a circular em 1522. A tradução de Tyndale para o Novo Testamento foi impressa em Colônia em 1525. Mas a perseguição contínua que ele sofria da Coroa Inglesa e da Igreja católica – ele foi "perseguido como um marginal", sempre "trabalhando clandestinamente" – o obrigou a fugir[461]. Ele se mudou para o sul da Alemanha a fim de trabalhar com outro tipógrafo; lá ele publicou uma versão de bolso da Bíblia. Foi assim que aquela coisa à qual a gente não dá valor hoje em dia – a versão portátil da Bíblia que se lê na própria língua – foi criada. As Bíblias de Tyndale foram contrabandeadas para a Inglaterra, escondidas em cargas de grãos e entre outras mercadorias, para serem distribuídas entre o povo. As Bíblias eram "copiadas em segredo e lidas com medo", diz Clarke.

É difícil exagerar na contribuição que Tyndale deu à liberdade de consciência e de expressão. Ao traduzir e imprimir e distribuir a Bíblia, Tyndale estava fazendo mais do que apenas desafiar o controle da Igreja Católica sobre as ideias religiosas, sobre a Palavra de Deus em si. Ele também estava expressando uma enorme fé na capacidade do homem comum de entender as coisas por si mesmo. De não precisar de "pastores" que lhes ensinassem e orientassem seus pensamentos. Ele confiava não apenas em Deus, mas também na capacidade dos "ignorantes e sem estudo" de buscarem o esclarecimento[462]. Era uma ideia absurdamente radical. E *continua sendo* uma ideia radical, de muitas formas ainda não concretizada.

---

461. *Liberty Magazine*, janeiro/fevereiro de 2019.
462. CLARKE, F. L. *The Life of William Tyndale*. *Op. cit.*

Não, não somos mais privados das Bíblias em nossas línguas nativas. Mas somos desestimulados a lermos certos textos, ainda mais se eles puderem incomodar ou fomentar nosso pensamento. "Você iria querer que este livro fosse lido por sua esposa ou seus empregados?", perguntou o promotor no julgamento do livro *O Amante de Lady Chatterley*, em 1960[463]. Hoje em dia, pessoas boas e nobres acreditam que "pôr certos livros nas mãos de pessoas comuns é perigoso". Só que hoje em dia eles não destroem os livros, como faziam as autoridades eclesiásticas com as Bíblias de Tyndale; eles acrescentam alertas de gatilho nesses livros. Essa é a nova forma de pastoreio, na qual os especialistas, e não os padres, pregam avisos de perigo nos livros para que saibamos dos riscos envolvidos na leitura deles e para que possamos evitar o contato com eles.

A outra ideia, a ideia herética de que as pessoas deveriam ser livres para ler e interpretar a Bíblia por si próprias, era uma ideia pela qual Tyndale estava disposto a morrer. Ele foi condenado como herege pelo cardeal Wolsey (1473-1530) em 1529. As autoridades finalmente encontraram o marginal tradutor da Bíblia e ele foi preso em 1535, levado para o castelo Vilvoorde, perto de Bruxelas. No ano seguinte, ele foi condenado por heresia. Tyndale foi enforcado em praça pública e depois teve seu corpo queimado para que "os restos mortais de William Tyndale se tornassem apenas cinzas"[464]. Palavras ferem? Sim. Mas não tanto quanto o enforcamento e o fogo. A censura é infinitamente mais violenta do que a liberdade.

Pense em outro grande herege do passado, John Lilburne (1614-1657). Lilburne era um agitador político. Ele foi um nivelador[465] durante e depois da Guerra Civil – ou seja, fazia parte do grupo de rebeldes que acreditava num aumento dos direitos

---

463. *JSTOR Daily*, 15 de novembro de 2021.
464. CLARKE, F. L. *The Life of William Tyndale*. *Op cit*.
465. Como eram chamados os agitadores políticos de inspiração republicana. (N. T.)

democráticos maior do que Cromwell estava disposto a ceder. Lilburne cunhou o termo "direitos dos que nasceram livres" para descrever as liberdades fundamentais de que gozamos ou deveríamos gozar hoje. A liberdade de pensar e de nos expressar e de escolher quem nos governa.

A ideia da democracia representativa se espalhou como fogo pela Inglaterra da década de 1640, principalmente graças à "avalanche de panfletos furiosos escritos por John Lilburne"[466]. Lilburne se voltava contra a ameaça do governo irresponsável e antidemocrático. "Para qualquer homem – religioso ou secular, clérigo ou leigo – é não natural, irracional, pecaminoso, mau, injusto, demoníaco e tirânico se apropriar ou tomar para si o poder, a autoridade e a jurisdição de governar ou reinar sobre os homens sem o consentimento livre deles", escreveu. Isso ainda é uma ideia radical. E também uma ideia a ser concretizada. Para entender isso, basta observar a reação furiosa das elites à porcalhada que rejeitou a União Europeia no plebiscito de 2016, naquilo que foi uma rejeição à ideia de que as comissões em Bruxelas tinham o direito de legislar sem o nosso livre consentimento.

Antes da Guerra Civil, Lilburne, então jovem e pouco conhecido, demonstrou estar tão disposto a sofrer por suas crenças quanto Tyndale um século antes. Em meados da década de 1630, William Prynne (1600-1669), o polemista puritano, escreveu um panfleto intitulado *Notícias de Ipswich*, no qual ele atacava um bispo especialmente intolerante e retrógrado e também a Star Chamber – instituição da coroa responsável por supervisionar a impressão de livros e periódicos. Por isso, ele foi levado diante da Star Chamber em 1637 e acabou acusado de difamação sediciosa. Ele foi multado, açoitado publicamente e teve as pontas das orelhas

---

466. *Guardian*, 26 de fevereiro de 2005.

cortadas. Além disso, seu rosto foi marcado com as letras "D" e "S" de difamação sediciosa[467].

Lilburne, então um aprendiz em Londres com pouco mais de vinte anos, ficou horrorizado ao ver a tortura de Prynne. Ele também compartilhava das críticas de Prynne aos bispos. Ele havia ajudado a contrabandear os textos de Prynne e de outros para a Inglaterra, a fim de distribuí-los entre o povo. O jovem Lilburne também foi levado à Star Chamber, onde o condenaram pelo contrabando de materiais blasfemos. Ele foi condenado ao açoitamento público, "amarrado à traseira de uma carroça num dia quente de verão e impiedosamente açoitado enquanto caminhava com as costas expostas de um extremo da Fleet Street até o Palácio de Westminster". Um observador estimou que Lilburne tivesse recebido 500 chibatadas. Seus ombros ficaram inchados pelos ferimentos"[468].

Mas o mais impressionante é que Lilburne não se calou. Ao chegar ao pelourinho de Westminster, "apesar dos ferimentos e do calor escaldante", ele contou em voz alta sua história e reiterou suas críticas aos bispos. A multidão ouviu tudo com atenção. Um advogado mandou que ele se calasse, mas ele não obedeceu. Assim, ele foi amordaçado "com tanta força que cuspia sangue", mas nem isso foi o suficiente. Lilburne tirou cópias de panfletos dos bolsos e os jogou para a plateia. Depois disso, amordaçado e sem os panfletos, e sem nenhuma outra forma de se expressar, ele "bateu com os pés no chão por duas horas"[469]. Um bom herege nunca fica em silêncio, em nenhuma circunstância.

Então, sim, as palavras ferem. Mas não tanto quanto 500 chibatadas pelo crime de espalhar ideias dissidentes, de usar o discurso para "ferir" as autoridades.

---

467. The Honourable Society of Lincoln's Inn, 27 de junho de 2018.
468. *Aeon*, 29 de setembro de 2016.
469. *Idem*.

Mas vamos avançar 400 anos, até os hereges de hoje. O pessoal do *Charlie Hebdo*. O crime deles é conhecido – tirar sarro de Maomé (e de outros líderes religiosos). E por isso eles pagaram o preço mais alto, o mesmo de Tyndale: a execução, a morte por heresia.

Não, o massacre de dez jornalistas e cartunistas na sede do *Charlie Hebdo* em janeiro de 2015 não teve sanção oficial, como no caso do enforcamento de Tyndale e da tortura de Lilburne. Mas pode ser visto como uma expressão violenta de uma ideia oficial – isto é, a de que é errado ofender, inclusive o Islã.

Na verdade, na França você pode ser processado se disser que o Islã é "a religião mais estúpida", como aconteceu com o romancista Michel Houellebecq em 2002 (ele foi absolvido)[470]. Lá, você pode ser multado em milhares de euros por detratar o Islã, por dizer que os muçulmanos estão "destruindo nosso país e impondo o estilo de vida deles", como aconteceu com Brigitte Bardot em 2008 (e em outras ocasiões também)[471]. Saïd e Chérif Kouachi, os irmãos que cometeram aquele ato de barbárie contra o *Charlie Hebdo*, não precisaram consultar o Corão ou as declarações dos imãs para reforçar a crença de que a crítica à religião deles é errada e *passível de castigo*. Essa crença está entranhada nas próprias leis do país onde eles nasceram e foram criados. A atrocidade deles pode ser vista como a expressão militante da mentalidade politicamente correta, uma imposição extraoficial da caça às heresias que é uma característica fundamental do controle governamental no ocidente de hoje.

Então, sim, as palavras podem ser doloridas. Podem ser usadas como armas. Você vai se sentir "perseguido, aterrorizado e ferido" por elas. Mas essa dor é incomparável à dor do ataque à sede do *Charlie Hebdo* e à dor e luto que aquelas dez mortes causaram. O *Charlie Hebdo* é acusado de "socar os oprimidos". Essa metáfora

---

470. *Guardian*, 22 de outubro de 2002.
471. *BBC News*, 3 de junho de 2008.

da violência – socar – deveria envergonhar todos os que a usam depois da violência bárbara e real que a equipe do *Charlie Hebdo* sofreu por suas blasfêmias. A barbárie da censura é maior do que a dor das palavras, sempre.

Há outras formas pelas quais a censura nos prejudica e prejudica a sociedade mais do que a liberdade de expressão. A censura adestra nosso senso crítico. Ela nos infantiliza ao implorar que confiemos em estranhos para que eles decidam, em nosso nome, o que devemos pensar do mundo. Ela nos ensina a suspendermos a crítica e a análise, deixando que a sabedoria dos esclarecidos, os pastores seculares de hoje, nos guiem. A censura é um convite a uma volta à infância, então é óbvio que as zonas de censura contemporâneas – os espaços seguros – se assemelham a jardins-de-infância para adultos. Esses espaços são uma manifestação física e real do caráter infantil que a censura exige que adotemos.

A censura também fomenta o pensamento rígido. Quando nos escondemos e escondemos nossas ideias da contestação, do debate, do humor e da refutação, nossa mentalidade se ossifica. Começamos a acreditar no que acreditamos não porque pusemos nossas crenças à prova contra as dúvidas e as discordâncias dos outros, e sim porque temos certeza de que estamos certos. É assim que uma ideia se torna catecismo, um movimento político se torna religião e um indivíduo deixa de ser um livre-pensador para se tornar alguém que diz possuir crenças perfeitas, intocáveis e inquestionáveis. A censura é a parteira do dogmatismo. A liberdade, por outro lado, é um inimigo implacável do dogmatismo.

John Stuart Mill conhecia os perigos de se proteger as ideias de qualquer contestação. Qualquer tentativa de calar o discurso é "uma presunção da infalibilidade", dizia ele. Só há uma forma de saber se você está certo sobre alguma coisa, dizia Mill. É submetendo suas crenças ao teste da opinião e da discordância públicas. "A liberdade total de contradizer ou desaprovar sua opinião é a condição que nos leva a assumirmos a verdade dela para fins de ação; e de nenhuma outra forma um ser humano pode ter certeza de que está certo", escreveu ele[472]. Supor a certeza na ausência de liberdade é como os tiranos se comportam, desde aqueles homens bons e nobres que quiseram destruir as perigosas Bíblias de Tyndale até os radicais atuais que querem cancelar qualquer pensador, político ou feminista cujas falas heréticas ameaçam expor ou refutar novas religiões e ideologias.

Ainda assim, por mais que lembremos as pessoas da violência e intolerância da censura, da ameaça que a censura representa à vida e ao nosso direito de usarmos a razão, não deveríamos deixar de admitir que o discurso pode ser perigoso também. As palavras machucam. E em geral essa é a intenção. Este é um de seus poderes. Na verdade, os hereges acima mencionados sabiam muito bem que o discurso deles era danoso, que seria interpretado como algo profundamente incômodo e até ameaçador a muitos que os ouvissem, e mesmo assim eles continuaram falando. Eles usaram suas palavras como armas.

A ideia de Tyndale de uma Bíblia em inglês era realmente assustadora para a ordem eclesiástica da época e àqueles que adotavam aquela ordem. A Bíblia de Tyndale deve ter doído tanto para os zelotes católicos que a jogavam na fogueira quanto o artigo de Germaine Greer descrevendo as mulheres trans como "uma paródia grosseira do meu sexo" deve ter doído para os ativistas de hoje[473].

Lilburne certamente se deleitou com o poder que suas palavras tinham de ferir os sacerdotes e políticos que se deparavam com elas. Para ele não havia "diálogo civilizado", prudente ou cauteloso – ao contrário, ele provocou aquela "avalanche de panfletos furiosos". A ira justificada é uma virtude que os defensores da liberdade

---

472. MILL, John Stuart. *On Liberty and the Subjection of Women*. Penguin Classics, 2006.
473. *Independent*, 22 de julho de 1989.

de expressão deveriam ter a inteligência de reavivar. Um relato histórico diz que Lilburne usava "tanto a pena quanto a espada" com "uma perseverança incomum". Ele "tinha um espírito indomável" e "gostava tanto de brigar que se dizia que, se não houvesse mais ninguém no mundo, John brigaria com Lilburne e Lilburne brigaria com John"[474]. Foram poucas as vezes em que Lilburne pediu desculpas por ofender ou negou que suas palavras, especialmente suas palavras, realmente feriam.

Quanto ao *Charlie Hebdo*, a coisa mais admirável naquela revista é sua disposição de ofender, de machucar. Poucos dias depois do massacre, a revista voltou a retratar Maomé, dessa vez segurando um cartaz com os dizeres "Je suis Charlie" e com uma lágrima escorrendo pelo rosto. O *Charlie* ofende não só pelo prazer de ofender, mas também como uma revolta contra as leis severas contra a ofensa, contra a ideia de que não existe crime maior do que proferir palavras que possam fazer com que alguém ou alguma religião se sinta mal. Parafraseando o argumento de Mill de que a excentricidade se torna o dever do livre-pensador em época de tirania, também podemos dizer que "causar dor" é a obrigação moral numa era em que impedir a dor é a justificativa cínica para o controle social e a censura.

Hoje em dia, muitos dos que acreditam na liberdade hesitam diante da verdade sobre as palavras: elas machucam. Não, elas não são violência – igualar o discurso à violência é uma tolice e um erro. Mas o discurso tem poder e pode machucar, pode provocar dor em algumas pessoas que o ouvem. Se as palavras não tivessem esse poder – de incomodar, de derrubar, de mudar radicalmente o que as pessoas pensam e o mundo – que sentido

---

474. DENHAM, Michael Aislabie. *The Denham Tracts, Vol. 1: A Collection of Folklore, Reprinted From the Original Tracts and Pamphlets Printed by Denham Between 1846 and 1859*. Forgotten Books, 2018.

faria defendê-las? Defendemos o discurso justamente porque ele tem uma energia extraordinária, porque ele pode ser uma "avalanche", porque ele *machuca*.

Algumas das pessoas que defendem a liberdade de expressão acabam, sem querer, jogando o jogo de seus oponentes, argumentando que a ira e a revolta devem ser excluídas da sociedade de vez em quando. Só que eles acreditam que a liberdade de expressão é um instrumento melhor do que a censura para se conseguir isso. Enquanto os censores insistem que o controle social é necessário para se manter a civilidade e a calma, as vozes mais liberais dizem que o diálogo livre e civilizado é melhor nessa função. Não há nada de errado com o "diálogo civilizado", claro. Mas é um conceito que provavelmente pareceria estranho a Lilburne e que sem dúvida atrairia o desprezo da equipe do *Charlie Hebdo*. Ele parece sugerir que a liberdade de expressão é boa porque pacifica e acalma, quando às vezes a liberdade de expressão é boa porque faz o contrário disso. Ela fode com tudo.

Como diz um colunista, a civilidade é "a palavra mais evasiva que existe". "Palavras como 'respeito' e 'civilidade' são usadas para se estabelecer os limites da liberdade de expressão", diz ele. Assim, em algumas universidades, se defende a liberdade de expressão, mas em nome do diálogo civilizado, e a consequência disso é igual a quando o discurso é controlado em nome da proteção contra danos ou ofensas – ou seja, a verve e a ousadia são desestimuladas em nome do abraço compassivo da civilidade ou da "censura terapêutica"[475]. Mas a liberdade de expressão não tem nada a ver com a assistência social. Vale lembrarmos das palavras da diretora francesa Claire Denis quando ela foi acusada de não ser politicamente correta em seus filmes: "E daí? Não sou assistente social"[476].

---

475. *Los Angeles Times*, 9 de setembro de 2014.
476. AV Club, 17 de abril de 2019.

Por nossa conta e risco, ignoramos o caráter indomável, selvagem e ofensivo do discurso livre. Sociedades ruíram como resultado da liberdade de expressão. Igrejas também. Ideias sem as quais as pessoas sentem que não podem viver, cuja destruição elas sentem que as levarão ao caos e à dor, foram eliminadas pela liberdade de expressão. A heresia dói. É para ser assim. Como disse Frederick Douglass sobre a liberdade de expressão, ela é "o pavor dos tiranos" porque "eles sabem que ela tem poder". *"Tronos, territórios, principados e poderes baseados na injustiça e no erro certamente ruirão se os homens puderem pensar na retidão, na temperança e no julgamento que virá em sua presença"*[477].

Que tremam! Em geral é isso o que um herege deve fazer. Então façamos.

---

477. DOUGLASS, Frederick. "Um apelo à liberdade de expressão em Boston". 1860.

SOBRE A *SPIKED*

A *spiked* é a revista que quer mudar o mundo e contar o processo. Editada por Tom Slater e lançada em 2001, é irreverente em questões nas quais os outros são reverentes, é questionadora em assuntos nos quais outros se apegam à sabedoria recebida e é radical em temas que os outros tratam de uma forma tradicional.

Numa época em que é moda cancelar pessoas "problemáticas", ostracizar eleitores quando eles respondem "errado" e tratar seres humanos como o lixo do planeta, nós defendemos a empreitada humana, a expansão da democracia e a liberdade de expressão sem "se" nem "mas".

Nosso *moto* é "questione tudo" – ou, como escreveu o *New York Times*, somos "a mordaz publicação britânica que gosta de furar todas as bolhas ideológicas".

Leia-nos diariamente em spiked-online.com

SOBRE O AUTOR

Brendan O'Neill é articulista político na *spiked* e mora em Londres. Foi editor da *spiked* por quase 15 anos, de 2007 a 2021. Ele apresenta o *podcast* semanal *The Brendan O'Neill Show*. Seus textos já foram publicados no *Spectator*, *Sun*, *Daily Mail* e *Australian*. Ele publicou duas coletâneas de ensaios intituladas *A Duty to Offend* e *Anti-Woke*.

Acompanhe a LVM Editora nas Redes Sociais

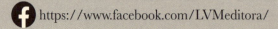 https://www.facebook.com/LVMeditora/

https://www.instagram.com/lvmeditora/

Esta edição foi preparada pela LVM Editora
com tipografia Baskerville e Clarendon.